DR. Q

D1700466

Harald Waitzbauer · **Thomas Bernhard in Salzburg**

Schriftenreihe des
Forschungsinstitutes für politisch-historische Studien
der Dr.-Wilfried-Haslauer-Bibliothek, Salzburg

Herausgegeben von Robert Kriechbaumer, Franz Schausberger,
Hubert Weinberger

Band 3

Harald Waitzbauer

Thomas Bernhard in Salzburg

Alltagsgeschichte einer Provinzstadt 1943–1955

BÖHLAU VERLAG WIEN · KÖLN · WEIMAR

Porträtfotos am Umschlag und auf Seite 6:
Thomas Bernhard 1957. A. Madner © by A. Scope

Gedruckt mit Unterstützung durch
das Bundesministerium für Wissenschaft und Forschung und
die Salzburger Landesregierung.

Die Deutsche Bibliothek – CIP-Einheitsaufnahme

Waitzbauer, Harald:
Thomas Bernhard in Salzburg : Alltagsgeschichte einer Provinzstadt 1943–1955 / Harald
Waitzbauer. – Wien ; Köln ; Weimar : Böhlau, 1995
(Schriftenreihe des Forschungsinstitutes für Politisch-Historische Studien der
Dr.-Wilfried-Haslauer-Bibliothek ; Bd. 3)
ISBN 3-205-98424-2
NE: Dr.-Wilfried-Haslauer-Bibliothek Salzburg: Schriftenreihe des Forschungsinstitutes
    für Politisch-Historische Studien der Dr.-Wilfried-Haslauer-Bibliothek.

Gedruckt auf umweltfreundlichem, chlor- und säurefreiem Papier.

Satz und Repro: Zehetner Ges.m.b.H., A-2105 Oberrohrbach
Druck: Berger, A-3580 Horn

Inhalt

Zum Inhalt des Buches

Um es gleich vorwegzunehmen: Dies ist kein Buch *über* Thomas Bernhard sondern *mit* ihm. Er, Bernhard, ist nicht Mittelpunkt sondern Begleiter. Das Buch erzählt Alltagsgeschichte einer Stadt, in der Thomas Bernhard prägende Jahre seines Lebens zubringen mußte, es versucht, Lebensverhältnisse, Lebenssituationen und Lebensbilder einer Zeit wiederzugeben, die so nah erscheint und dennoch schon unendlich fern ist. Was vor 40 und 50 Jahren war, wie das Leben spielte, kennen noch viele aus eigener Erfahrung, für die meisten jedoch ist es die Welt der Eltern und der Großeltern. So begeben wir uns auf eine Wanderung durch eine Stadt, die uns in vielen Bereichen fremd erscheint. Thomas Bernhard ist unser Begleiter, unser „Zeitzeuge", der uns mit seinen Augen die vielgerühmte Mozart- und Festspielstadt zeigt: in schriftlichen und aufgezeichneten mündlichen Zeugnissen, die teils in jener Zeit, teils aus der Distanz der Jahre entstanden, meist abseits vom Glamour.

Ein Buch auf der Basis von Thomas Bernhards Texten über Salzburg und seine Geschehnisse kann keine Stadtgeschichte ersetzen. Daher bestand von vornherein keinerlei Absicht, historische Vollständigkeit zu zelebrieren. Der Inhalt dieses Buches besteht aus vielen einzelnen Geschichtssplittern, die, fügt man sie zusammen, ein wiewohl subjektives aber nichtsdestotrotz sehr erkennbares Bild jener Zeit wiedergeben.

Thomas Bernhard in Salzburg – eine Prägung

Er mochte die Stadt nicht, eigentlich mußte er sie hassen, so wie er immer wieder in schriftlicher Form auf sie einschlug, eigentlich auf die Bewohner der Stadt einschlug, auf die *sich von Jahr zu Jahr kopflos multiplizierenden schwachsinnigen Bewohner*[1], die er als *moralischen Morast*[2] bezeichnete. Und so weiter. Thomas Bernhards Leben in Salzburg ist eher ein *Überleben* vielfältigster Umstände, Situationen und Gefahren, angefangen von seiner Internatszeit im NS-Schülerheim, wohin der schon bis dahin vom Leben geplagte Bub 1943 gesteckt wird, weiter über die Aufenthalte in den Luftschutzstollen und die ersten Bombenangriffe, den Selbstmordversuch im Herbst 1945, den Kurzaufenthalt im Humanistischen Gymnasium und seinen Wechsel in die Greißlerlehre, bis hin zur Rippenfellentzündung und Tuberkulose, den damit verbundenen Aufenthalten in Spital und Sanatorien, die er, gezeichnet, überlebt, dazwischen Tod des Großvaters, Tod der Mutter (beides muß Thomas Bernhard aus der Zeitung erfahren), und schließlich das abgrundtiefe Kennenlernen des Salzburger Alltagslebens in seiner Funktion als Gerichts- und Lokalberichterstatter für das „Demokratische Volksblatt".

„[. . .] und wenn ich heute durch diese Stadt gehe und glaube, daß diese Stadt nichts mit mir zu tun hat, weil ich nichts mit ihr zu tun haben will, weil ich schon lange mit ihr nichts mehr zu tun haben will, so ist doch alles in mir (und an mir) *aus ihr*, und ich und die Stadt sind eine lebenslängliche, untrennbare, wenn auch fürchterliche Beziehung."[3]

Von Anfang 1952 bis Ende 1954 arbeitet Thomas Bernhard als freier Mitarbeiter für die lokale Parteizeitung der SPÖ, „Demokratisches Volksblatt". Er absolviert die übliche Lehrzeit als Gerichtsreporter und schreibt im Anschluß daran für die Lokal- und Kulturredaktion. Zwischendurch eingestreut erscheinen auch einige literarische Arbeiten, Kurzgeschichten und Gedichte. Letztere stehen in der Tradition Roseggers, Waggerls und seines Großvaters, typische Salzburg-Reportagen sind freundlich und positiv gehalten, *unerträglich positiv*, wie Thomas Bernhard-Forscher Hans Höller vermerkt.[4] Das stimmt schon. Andererseits beweist Thomas Bernhard bereits damals eine unglaubliche Menschen- und Gesellschaftskenntnis, wenn er in seinen Gerichts- und Gesellschaftsreportagen oft über eine oberflächliche Berichterstattung hinausgeht, und die handelnden Personen quasi in Nebensätzen hinter einen Röntgenschirm stellt und damit bloß-

---

1   Thomas Bernhard, Die Ursache. Eine Andeutung. München 1977, S. 10
2   ebda., S. 12
3   ebda., S. 60
4   Hans Höller, Thomas Bernhard. Reinbek 1993

stellt, so als wollte er sagen: Seht her, so sind sie, die Menschen, so ist sie, die Gesellschaft! Thomas Bernhards „autobiographische" Texte entspringen zwar der Realität der damaligen Zeit, die Realität ist aber adaptiert, eingebaut in eine Inszenierung seines eigenen Welttheaters. So gesehen sind die „Autobiographien" mehr als ein bloßes Erinnern, und der Leser darf nicht dem Trugschluß verfallen, es war so. Seine Sicht der Dinge ist, ebenso wie dieses Buch über die Zeit von 1943 bis 1955, subjektiv.

I. Die vierziger Jahre – Dekade ohne Mythos

1. Von der „Insel der Seligen" zur Trümmerlandschaft

1.1. Das Knaben-Asyl

Wir schreiben das Jahr 1943. Europa steht seit vier Jahren im Krieg. Joseph Goebbels' Rede im Berliner Sportpalast vom Februar 1943, in der er den „totalen Krieg" verkündet, wirft seine langen dunklen Schatten auch auf die „Gauhauptstadt" Salzburg des gleichnamigen Reichsgaues. Vorbei sind in Salzburg die Zeiten der begeistert jubelnden Massen und der großen Aufmärsche, vorbei auch die hochfliegenden Pläne, der Stadt Mozarts und der Festspiele Kunst und Kultur reiner nationalsozialistischer Prägung aufzudrücken.

Europa, Deutschland, auch Salzburg steht im Krieg. *Salzburg wird sich bewähren*[5], versucht das Einheitsblatt „Salzburger Zeitung" Optimismus zu verbreiten. Nicht mehr die „Vernichtung des Bolschewismus", sondern die „Verteidigung der Heimat" steht jetzt auf dem Programm.

Die ursprünglichen Pläne, Salzburg mit einer Reihe von Monumentalbauten zu überziehen, sind längst ad acta gelegt. So wird es keine Gauhalle geben, kein Versammlungsstadion, keine Reichsstatthalterei, kein Generalkommando, kein neues Festspielhaus, keine neuen Straßenachsen und keine monumentalgeschmückten Plätze, die das Bild vom katholischen, klerikalen, vom „schwarzen" Salzburg im nationalsozialistischen Sinn hätten korrigieren sollen. Statt dessen wird im Sommer 1943 mit dem Bau von Splittergräben begonnen, primitive Deckungsgräben, die knapp unter dem Erdniveau in Zick-Zack-Form verlaufen und mit dünnen Betonplatten gedeckt sind. Innerhalb eines Jahres werden 113 derartige Splittergräben ausgehoben, in denen 11.000 Menschen Schutz vor Bombensplittern finden sollten. Anstatt der Monumentalbauten entstehen Barackenlager: für den Reichsarbeitsdienst, für die Wehrmacht, für Kriegsgefangene, Zwangsarbeiter, Militärinternierte und Hitlerjugend, für Arbeiter, Umsiedler, Bahn und Post. Salzburg, die Barackenstadt.

Ein Teil der Bevölkerung mag in dieser Zeit noch an den Sieg glauben, wie er in Hörfunk und Presse weiterhin vorgebetet wird, andere werden sich an die Hoffnung klammern, wenigstens keine Niederlage zu erleben. Das Gros der Bewohner verhält sich still und will überleben. Die Menschen schweigen, denn die Spirale der Staats- und Parteigewalt hat sich gefährlich weitergedreht. Unbedachte Äußerungen in der Öffentlichkeit und privat, das Hören ausländischer Sender, ganz zu schweigen von Widerstand gegen das Regime sind lebensgefährlich geworden. „Vorbereitung zum Hochverrat", „Vergehen nach dem Heimtückegesetz" und „Verbrechen nach der Volksschädlings-Verordnung" lauten die Anklagen gegen die noch nicht

---

5 Salzburger Zeitung 7. 8. 1943

gänzlich Verstummten. In der Stadt wachen 700 Beamte der uniformierten Polizei, 250 Kriminalbeamte, 100 Gestapo-Beamte, der SD, Zuträger, Informanten und Parteigenossen über die nationalsozialistische Ordnung.

Auch die katholische Kirche schweigt. Sie, die jahrhundertelang in Stadt und Land Salzburg das Sagen hatte, wird, wie es Ernst Hanisch später formuliert, *bis aufs Hemd ausgezogen*[6]: Sämtliche kirchlichen Schulen und Heime werden geschlossen, kirchliche Amtsgebäude und Klöster beschlagnahmt, der schulische Religionsunterricht abgeschafft. In das erzbischöfliche Palais zieht der SS-Oberabschnitt Alpenland ein, das Franziskanerkloster wird von der Gestapo belegt. Wenn auch einzelne Glieder der Kirche in der einen oder anderen Form Widerstand zeigen, so handelt die Kirche als Institution nach dem Römerbrief Kap. 13: der Obrigkeit (auch der ungerechten Obrigkeit) sei zu gehorchen. *Sie war während der ganzen Dauer des Dritten Reiches ein partieller Bündnispartner, der mithalf, das System zu stabilisieren.*[7]

Wie gesagt, wir beginnen unsere Geschichte im Jahr 1943. Das Kreuz des Nationalsozialismus ist im Sinken begriffen, umsomehr versucht das Regime mit aller Gewalt, nach innen und außen seine Herrschaft zu erhalten. In dieser Atmosphäre betritt der 13jährige Schüler B. den Mikrokosmos von Salzburg. Bs. Mutter und Vormund lebten seit 1937 im bayerischen Traunstein, die Großeltern folgten ein Jahr darauf ins nahegelegene Ettendorf. Auch B. verlebt einige Jahre in Traunstein, wird zwischendurch in ein Heim nach Thüringen verschickt, bis er im Herbst 1943 ins Internat nach Salzburg kommt. In ein Salzburg, das geprägt ist von kirchlicher Vergangenheit und der Allgegenwärtigkeit von Uniformen, Parteimitgliedern und Bombenflüchtlingen aus dem „Entsendegau" Westfalen-Nord. B. besucht ab Herbst die Hauptschule („Andräschule") in der Faberstraße. Untergebracht ist er in unmittelbarer Nachbarschaft in einem Internat in der Schrannengasse 4, das bis 1938 als „Knaben-Asyl Johanneum" der Kirche gehörte und seither ein „Staatliches Schülerheim" war. Für B. eine weitere Katastrophe in seinem bis dahin kurzen Leben; die Stadt ein Todesboden, das Internat ein sich darauf befindlicher Kerker.

„Der Dreizehnjährige ist plötzlich, wie ich damals *empfunden (gefühlt)* habe und wie ich heute *denke,* mit der ganzen Strenge einer solchen Erfahrung, mit vierunddreißig gleichaltrigen in einem schmutzigen und stinkenden, nach alten und feuchten Mauern und nach altem und schäbigem Bettzeug und nach jungen, ungewaschenen Zöglingen stinkenden Schlafsaal im Internat in der Schrannengasse zusammen und kann wochenlang nicht einschlafen, weil sein Verstand nicht versteht, warum er

---

6 Ernst Hanisch, Nationalsozialistische Herrschaft in der Provinz. Salzburg im Dritten Reich. Schriftenreihe des Landespressebüros, Serie „Salzburg Dokumentationen", Nr. 71. Salzburg 1983, S. 190
7 Ernst Hanisch, Hans Spatzenegger, Die katholische Kirche. In: Widerstand und Verfolgung in Salzburg 1934–1945, Band 2. Wien, Salzburg 1991, S. 134

plötzlich in diesem schmutzigen und stinkenden Schlafsaal zu sein hat, weil er als Verrat empfinden muß, was ihm als Bildungsnotwendigkeit nicht erklärt wird."[8]

Ein Erlaß des Reichsministeriums für Wissenschaft, Erziehung und Volksbildung zeigt kurz und bündig auf, was ein Kind in einem NS-Schülerheim erwartet:

„Wenn die Kinder das Elternhaus verlassen und ein Schülerheim besuchen müssen, erstrebt das Schülerheim in Verbindung mit der Schule auf der Grundlage nationalsozialistischer Gemeinschaftserziehung das gleiche Ziel."[9]

Das „gleiche Ziel" hieß Formung des nationalsozialistischen Menschen. Die Zeit zwischen dem Herbst 1943 und dem Herbst 1944 lebt B. in Salzburg. Eine entsetzliche Zeit, wie er der Allgemeinheit in späteren Jahren mitteilen wird, sowohl was den „Todesboden" Salzburg als auch den „Kerker" Internat betrifft. In letzterem beherrschen Leopold Grünkranz und seine Gehilfen alle und alles, keine Woche vergeht, in welcher B. nicht ein paarmal eine Ohrfeige bekommt, ersterer ist ein fruchtbarer, menschenfeindlicher Boden für Selbstmordabsichten.

1.2. Die Dr.-Todtbrücke

Der Mikrokosmos Salzburg schließt auch die Kriegsgefangenen mit ein. Sie sind auf mehrere Lager in der Stadt verteilt: in der Revierstraße und Münchner Reichsstraße, in der Nähe der für B. später wichtigen Scherzhauserfeldsiedlung, in der Guggenmoosstraße, Roseggerstraße, Neuhauserstraße und Schillinghofstraße, in Kasern hinter der Glockengießerei Oberascher und anderswo leben und vegetieren Russen und Franzosen, Polen, Serben und Ukrainer. Seitdem der Krieg immer mehr seine eigenen Kinder frißt und ein spürbarer Mangel an männlichen Arbeitskräften eingetreten ist, wird zunehmend auf Kriegsgefangene zurückgegriffen. Das rettet vielen Russen das Leben, die man vorher durch Schwerstarbeit und mangelnde Ernährung an Hunger und Erschöpfung sterben ließ.

Die Staatsbrücke in der Stadtmitte, die an der engsten Stelle der Salzach die Altstadt mit der sogenannten Neustadt verbindet, ist ein solches Werk von Kriegsgefangenen. Man sieht ihr heute ihre Geschichte keinesfalls an, wie sie täglich von Tausenden Kraftfahrzeugen und Fußgängern befahren und begangen wird. Wären, wie ursprünglich vorgesehen, an den Brücken-

---

8 Thomas Bernhard, Die Ursache. Eine Andeutung. München 1977, S. 12
9 Erlaß des Reichsministeriums für Wissenschaft, Erziehung und Volksbildung vom 1. 2. 1939, zit.
   bei: Alfred Rinnerthaler: Salzburgs Schülerheime unterm Hakenkreuz. In: MGSL 131, 1991, S.
   259–286

köpfen je zwei überdimensionierte Marmorlöwen zur Aufstellung gekommen, dann spräche man heute vielleicht zumindest von einem Bauwerk „aus der Nazizeit", doch so . . ., doch so begnügte man sich anläßlich der endgültigen Fertigstellung im Jahr 1949 mit der Anbringung des Landes- und Staatswappens.

B., 13 Jahre alt, hält die Szenerie von 1943/44 schriftlich fest:

„Eine hölzerne Notbrücke ersetzte die schon lange abgetragene alte Staatsbrücke, erinnere ich mich, und auf dieser größten Baustelle in der Stadt sehe ich heute noch die in grauschmutzigen abgesteppten Kleidern an den Brückenpfeilern hängenden russischen Kriegsgefangenen als Zwangsarbeiter, ausgehungert und von rücksichtslosen Tiefbauingenieuren und Polieren zur Arbeit angetrieben; viele von diesen Russen sollen entkräftet in die Salzach gefallen und abgetrieben worden sein."[10]

3/4 Die Staatsbrücke: ein Werk von Kriegsgefangenen 3 (Foto: AStS). 4 (Foto: A. Madner © by A. Scope)

Die alte Staatsbrücke, im Jahr 1877 errichtet, entsprach bereits bald nach ihrer Fertigstellung nicht mehr den belastenden Anforderungen des immer größer werdenden Verkehrsaufkommens. Als man im Oktober 1939 das zulässige Höchstgewicht für Fahrzeuge auf 6 Tonnen beschränken und den Straßenbahnbetrieb beinahe einstellen mußte, fiel die Entscheidung, eine

---

10 Thomas Bernhard, Die Ursache, S. 68

neue Brücke über die Salzach zu errichten. Bereits der Bau der Behelfsbrücke im Jahr 1940, die mehrere Jahre als Provisorium diente, offenbarte
einen ausgesprochenen Arbeitskräftemangel. Deutsche (und österreichische) Arbeiter waren durch das Militär gebunden, sodaß die Behelfsbrücke
zum überwiegenden Teil von ungarischen und tschechischen Bauarbeitern,
die von der Hoch- und Tiefbaufirma Universale angeworben worden waren,
über die Salzach geschlagen wurde.

Der Neubau der Staatsbrücke, damals „Dr.-Todtbrücke", benannt nach
dem Generalinspekteur für das Straßenwesen und Reichsminister für Be-
waffnung und Munition, lag in den Händen des Mannheimer Großbauun-
ternehmens Grün und Bilfinger AG und begann im Juli 1941. Neben
deutschsprachigen Arbeitskräften beschäftigte die Firma anfangs italieni-
sche, ungarische und tschechische Bauarbeiter. Untergebracht waren die
fremdsprachigen Arbeiter in einem Barackenlager, welches im Volksgarten
errichtet wurde. Ende 1941 kamen die ersten französischen Kriegsgefangenen zum Arbeitseinsatz, bald darauf folgten sowjetische. Letztere waren am
unteren Ende der Arbeitshierarchie und befanden sich in einer außerordentlich schlechten physischen Verfassung. Die Verschlechterung der
militärischen Lage für Deutschland ab 1943 und die gleichzeitige Produk-
tionssteigerung bei kriegswichtigen Einrichtungen brachte den Kriegsgefangenen, insbesondere den Sowjets, in bezug auf Behandlung, Unter-
kunft und Verpflegung einige Vorteile. Die beim Brückenbau eingesetzten
sowjetischen Gefangenen erfuhren 1944 eine bescheidene Aufwertung
ihrer Lage.

„Sie durften ab diesem Zeitpunkt, wie auch die französischen Kriegsgefangenen,
Prämien beziehen. Gleichfalls erhielten sie nun ihre Verpflegung nach den für die
übrigen Kriegsgefangenen geltenden Sätzen. Diese Maßnahmen erhöhten die Überlebenschancen der sowjetischen Hilfsarbeiter am Bau und kamen auch den Forderungen der Bauunternehmer nach mehr wirtschaftlichem Realismus und weniger
rassenideologischer Linientreue entgegen."[11]

Die provisorische Fertigstellung und die Übergabe an den öffentlichen Ver-
kehr erfolgte am 27. November 1944, mitten in der Zeit der Luftangriffe auf
die Stadt Salzburg. Die endgültige Fertigstellung der Staatsbrücke sollte erst
Jahre nach Kriegsende sein. Eine nette „Denkschrift über den Neubau der
Staatsbrücke in Salzburg" von 1949 erinnert nur noch vage, in verklärtem
Licht und unpräzise an die Bauperiode während der NS-Zeit:

---

11 Gene R. Sensenig, Fremdarbeiter beim Bau der Dr. Todtbrücke in der Gauhauptstadt Salzburg. In:
   Rudolf G. Ardelt, Hans Hautmann (Hg.), Arbeiterschaft und Nationalsozialismus in Österreich: in
   memoriam Karl R. Stadler. Wien – Zürich 1990, S. 509

„Es gab außer den heimischen Arbeitern: Franzosen, Italiener, Tschechen, Slowaken, Ruthenen, Polen, Ungarn, Ukrainer, Buchenland- und Beßarabiendeutsche."[12]

Multikulturell sozusagen. Status sowie Lebens- und Arbeitsbedingungen der eingesetzten Arbeitskräfte werden anläßlich dieser feierlichen Angelegenheit nobel verschwiegen. Kriegsgefangene und Zwangsarbeiter störten das neue Bild der Nachkriegszeit, da spricht man lieber von der neuen öffentlichen Toilette.

„[...] somit wäre ein Werk beendet, das nun schon jahrelang seiner Vollendung harrte. Auch die unter der Brücke gelegene Klosettanlage ist ‚betriebsbereit' und der Abbau der noch stehenden Arbeitsbaracken am linken Ufer der Salzach steht bevor."[13]

1.3. Bunker und Bomben

Kein Ereignis trifft die Einwohner der Stadt damals überraschender als die Bombardierung der Stadt durch amerikanische Flugzeuge. Trotz der zahlreichen Luftangriffe auf deutsche Städte fühlten sich die Salzburger so sicher. Vielleicht sogar *wegen* der zahlreichen Angriffe auf *andere* Orte und nicht auf die eigene Stadt fühlten sich die Salzburger so sicher. Seit die Amerikaner Ende 1943 von Süditalien aus die zweite Luftfront eröffnet hatten, war auch der bis dahin als sicher geltende Süden des Deutschen Reiches für alliierte Bomberstaffeln erreichbar. „Luftschutzkeller des Reiches" hatte man die Ostmark genannt und zahlreiche Ausgebombte aus den norddeutschen Städten und aus dem Ruhrgebiet hierher evakuiert. Nun war man auch hier nicht mehr sicher.

Und eben trotzdem: Es wurde Frühling, es wurde Sommer, und die Stadt Salzburg war in diesem Zeitraum von 1944 nach wie vor kein Angriffsziel der Bomberverbände. Es ist die Stadt Mozarts, es ist die Stadt der internationalen Festspiele, erinnern sich die Bewohner nun gern an die Zeit vor dem Anschluß Österreichs an Hitlerdeutschland, es ist die Stadt der Kultur, ohne Rüstungsindustrie und ohne andere kriegswichtige Einrichtungen. Außerdem geht das beruhigende Gerücht um, Winston Churchill persönlich hätte sich gegen eine Bombardierung Salzburgs ausgesprochen, da er sich hier in besseren Zeiten im Sanatorium Wehrle zur Gesundung aufgehalten hätte. Die Menschen hoffen, so schreibt auch B., *daß diese Stadt, die als eine der schönsten auf der Welt bezeichnet wird, nicht bombardiert werden würde, woran wirklich sehr viele in dieser Stadt geglaubt haben.*[14]

---

12 Denkschrift über den Neubau der Staatsbrücke in Salzburg. O. O. o. J. (Salzburg 1949), S. 16
13 Salzburger Nachrichten 8. 6. 1949
14 Thomas Bernhard, Die Ursache, S. 32

Viermal heulen im Juni 1944 die 16 auf Hausdächern montierten Luft-schutzsirenen auf und melden „Fliegeralarm", einen Monat darauf bereits neunmal, beinahe täglich bekommen die Salzburger das Vorwarnzeichen „öffentliche Luftwarnung" zu hören. Viele, aber bei weitem nicht alle Men-schen begeben sich nach dem Fliegeralarm in einen der Luftschutzstollen. Seit dem Sommer 1943 waren etwa 350 Zivilarbeiter und 250 Kriegsgefan-gene tätig, um in den Stadtbergen Luftschutzstollen für insgesamt 80.000 Personen voranzutreiben. Die Arbeitszeit betrug 55 bis 60 Stunden, der Vortrieb geschah durch Sprengung und mit Preßlufthämmern, die von still-gelegten Steinbrüchen ausgeliehen waren. Der Antrieb der Kompressoren erfolgte elektrisch, da Rohöl oder Dieseltreibstoff für diese Zwecke nicht mehr zu haben waren. B. erinnert sich an *Luftschutzstollen, die, wie wir monatelang beobachtet hatten, von fremdländischen, vornehmlich russischen und französischen und polnischen und tschechischen Zwangsarbeitern unter unmenschlichen Bedingungen in die beiden Stadtberge getrieben worden wa-ren.*[15]

Im September 1944 gibt es in 21 Stollen statistisch gesehen Platz für 33.000 Menschen. Die Standardeinrichtung ist denkbar einfach. Jeder Stol-len ist durch eine zweitürige Gasschleuse zu betreten. Die Gänge und Stichkavernen besitzen Aborte, elektrische Beleuchtung und sind mit Sitz-bänken ausgestattet, die jedoch bald bei weitem nicht ausreichen. Leihwei-se werden Sitzgelegenheiten verschiedener Firmen angeliefert, unter ande-rem von der lokalen Stieglbrauerei, die 149 Klappbänke bis auf Widerruf zur Verfügung stellt. Wenig leistungsfähige künstliche Belüftungen und die später permanente Überfüllung verursachen Sauerstoffmangel, was zu ein-zelnen Ohnmachtsanfällen eines Teils der Schutzsuchenden führt.

Die Bevölkerung liebt die Stollen nicht. Sie hofft auf den „guten" Ruf der Stadt und Verschonung durch die Alliierten und nimmt Luftschutzappelle und -ermahnungen der NS-Behörden nicht ernst. Die Tatsache, daß bei Fliegeralarm zwar viele Stadtbewohner den Luftschutzstollen zustreben, sie aber nicht betreten, sondern vor dem Eingang die Entwarnung abwarten, ist den offiziellen Stellen ein besonderer Dorn im Auge. Sie klagen darüber, daß die Bevölkerung in Rudeln an den Eingängen stehenbleibe und Nach-kommenden dadurch den Weg versperre. In einer nach Ende des Krieges verfaßten Erinnerungsschrift heißt es zu diesem Thema:

„Die Angestellten und Parteien des Städtischen Wirtschaftsamtes z. Bsp. setzten sich vor dem breiten Tore, das in den Luftschutzraum führte, im Garten des ehemaligen Ursulinenklosters [...] in die Sonne, und nur wenn der Fliegerlärm allzunahe er-dröhnte, zogen sie sich in den Keller zurück."[16]

---

15 ebda., S. 27
16 Thomas Mayrhofer, Fünfzehnmal Bomben auf Salzburg. Unveröff. masch. Manus. Salzburg o. J. (1947)

Dieser Brauch hört sich nach dem ersten Bombenangriff im Oktober 1944 schlagartig auf und die Menschen marschieren freiwillig ins Stollenlabyrinth. *[. . .] riesige, Hunderte Meter lange Stollen,* erinnert sich B., *in welche die Stadtbevölkerung zuerst nur aus Neugier und nur zögernd, dann aber, nach den ersten Bombenangriffen auch auf Salzburg, tagtäglich zu Tausenden in Angst und Schrecken hineinströmte [. . .].*[17]

Bs. Schule und Internat liegen zunächst dem Stollen Nr. 3 „Glockengasse" im Kapuzinerberg (NS-Diktion „Imberg"), der offiziell 450 Plätze aufweist, nach den ersten Angriffen aber doppelt so viele Menschen aufnehmen muß. Während eines Fliegeralarms, der in der Regel ein bis zwei Stunden, manchmal auch länger dauert, warten die Bewohner der Stadt in den schlecht beleuchteten Kavernen mehr oder weniger dicht gedrängt, sitzend und stehend, stumm oder leise flüsternd, auf die Entwarnung. Bald beginnen die Menschen ihre kleine Welt und ihre Gewohnheiten mit in den Berg zu nehmen: Es bilden sich eigene Stollenzirkel, viele beanspruchen für sich ein Stammplatzerl, es *waren immer dieselben zusammen,* schreibt B., *die Menschen hatten Gruppen gebildet.*[18] Diese kleinen Regelungen werden allgemein akzeptiert und gehen solange gut, bis die Flüchtlingswellen aus dem Osten diese privaten Stollenordnungen niederwalzen. Jeder und jede will nun bei Fliegeralarm hinein, wo nur für maximal die Hälfte der tatsächlich Schutzsuchenden ausreichend Platz vorhanden ist. Aber nicht jeder soll, und nicht jeder darf hinein: Nachdem die Stollen nach den ersten Angriffen restlos überfüllt sind, versuchen die Behörden den Menschen klarzumachen, daß die Luftschutzstollen eigentlich nur für die Bewohner der Umgebung bestimmt sind und nicht für jene aus den Vororten – umsonst. Lediglich Kriegsgefangene und Ostarbeiter, also u. a. auch jene, die den Stollenbau bewerkstelligten, werden mit einem dezitierten Stollenverbot belegt. Diese sollten, so heißt es, einen *angemessenen Schutz außerhalb der Stollen*[19] erhalten: Sie dürfen in den Splittergräben Platz nehmen und in nahegelegenen Wäldern Zuflucht suchen.

Die Schulen werden über eine Frühwarnung bereits vor Auslösen der Sirenen vom Fliegeralarm informiert, sodaß die Schulklassen geschlossen in die Stollen marschieren. So auch jene von B.

„[. . .] alle Internatszöglinge angeführt von eigens dazu bestimmten Anführern, älteren Studenten, Mitschülern, gemeinsam mit Hunderten und Tausenden von Schülern aus anderen Schulen, durch die Wolfdietrichstraße am Hexenturm vorbei in die Linzer- und in die Glockengasse [. . .]"[20]

---

17 Thomas Bernhard, Die Ursache, S. 27
18 ebda. S. 40
19 Salzburger Zeitung, 25. 10. 1944
20 Thomas Bernhard, Die Ursache, S. 28

B. sieht Ohnmachtsanfälle, herbeigeführt durch Überbelag und zu geringer
Frischluftzufuhr, und berichtet von den *schwarzen, vor Nässe blinkenden
und tatsächlich auch immer lebensgefährlichen, weil viele Todeskrankheiten
auslösenden Felsen* und von *den auf jeden Fall krankmachenden Stollen.*[21]
Tatsächlich werden bis Kriegsende etwa 500 Kinder an der sogenannten
„Stollenkrankheit" zugrundegegangen sein. Infektionen bei Grippe und Er-
kältungskrankheiten mit einer darauffolgenden Lungenentzündung konnten vor allem Säuglinge und Kleinkinder nichts entgegensetzen. Nachdem
das Sterben der Kinder mit dem Aufenthalt in den Stollen in Zusammenhang gebracht werden kann, verzichten viele Mütter darauf, bei Alarm in
den Luftschutzstollen zu gehen.

Je länger sich der Krieg und damit die Luftangriffe hinziehen, desto mehr
breiten sich Lethargie und Gleichgültigkeit aus, verbunden mit der Hoffnung, der Schrecken möge nur bald ein Ende haben. Die unerhörte Tatsache, daß sich bei Fliegeralarm fast 80.000 Menschen stundenlang in künst-
lichen Höhlen verkriechen und die Stadt damit praktisch zu einer menschenleeren ausgestorbenen Ansiedlung wird, ist heute ebensowenig
beschreibbar wie der emotionale Zustand, in dem sich die Menschen damals befinden. B. versucht es trotzdem und erklärt seinen Eindruck:

„Diese ganze ausgehungerte und bleiche Todesgesellschaft in den Stollen war von
Tag zu Tag und von Nacht zu Nacht gespenstischer. In den Stollen in einer nichts als
angstvollen und hoffnungslosen Finsternis hockend, redete diese Todesgesellschaft
auch noch immer vom Tod und von nichts sonst, alle bekanntgewordenen und
selbsterlebten Kriegsschrecken und Tausende von Todesbotschaften aus allen Rich-
tungen und aus ganz Deutschland und Europa waren hier in den Stollen von allen
immer mit großer Eindringlichkeit besprochen worden, während sie hier in den
Stollen saßen, breiteten sie in der Finsternis, die hier herrschte, hemmungslos den
Untergang Deutschlands und die mehr und mehr zur allergrößten Weltkatastrophe
sich entwickelnde Gegenwart aus und hörten damit nur auf in totaler Erschöpfung."[22]

Kein Ereignis wirkt auf die Bevölkerung Salzburgs nachhaltiger und er-
schreckender als der erste Luftangriff auf die Stadt am 16. Oktober 1944. Ein
klarer Herbsttag in Salzburg. Sechs Tage zuvor hat es den letzten Fliegeralarm gegeben. Menschen im Kriegsalltag an der „Heimatfront" gehen ihrer
Wege. Einige Flugstunden weiter südlich haben ab 6 Uhr früh etwa 600
Bomber der Typen B-17 und B-24 ihre Stützpunkte rund um Foggia in
Süditalien verlassen und begeben sich nun in Richtung Norden. Der Ver-
band teilt sich in mehrere Gruppen. Ein Teil des Verbandes, das 5. Bomber-
Geschwader, soll laut Einsatzbefehl eine Ölraffinerie im böhmischen Brüx
angreifen. Doch die Wetterverhältnisse in Nordböhmen sind ungünstig und

---

21 ebda. S. 38
22 ebda. S. 41

erlauben keinen Angriff. Statt dessen werden nun als Ausweichziele Villach und Salzburg angeflogen.

Um 10.26 Uhr wird in Salzburg Sirenenalarm ausgelöst. Wieder einmal. Viele Menschen haben sich an den unangenehmen sinusförmig auf- und abschwellenden Heulton zwischen 200 und 500 Hertz längst gewöhnt, lassen sich nicht beirren und gehen weiter ihrer momentanen Tätigkeit nach. Andere begeben sich zwar zu einem der Luftschutzstollen, be-

5 *Der erste Luftangriff auf die Stadt Salzburg am 16. 10. 1944 reißt in den Dom eine klaffende Wunde*
(Foto: AStS)

treten ihn aber nicht, sondern warten vor den Eingängen auf die Entwarnung. Immerhin 27.000 Menschen suchen trotzdem in den Stollen Zuflucht.

Um 10.58 Uhr taucht für die Besatzungen von 33 B-17-Maschinen das „Target Area" auf. Zielpunkt ist laut Einsatzbefehl das Heereszeugamt, die heutige Struberkaserne an der Kleßheimer Allee. Die Flugzeuge befinden sich über der Stadt. Aus den Vernebelungsgeräten im Stadtbereich quillt Rauch, bestehend aus einem Chlorsulfonsäure-Schwefeltrioxyd-Gemisch, der sich langsam als vermeintlich schützende Decke über der Stadt ausbreitet. Aus einer Flughöhe von zirka 8.000 Metern lassen die amerikanischen Maschinen ihre explosive Last ab. Um 11.16 Uhr treffen weitere 18 US-Flugzeuge ein und beginnen ebenfalls mit dem Bombardement. In weniger als einer halben Stunde gehen 534 Sprengbomben der Type 500-RDX auf Salzburg nieder. B. sitzt zu diesem Zeitpunkt mit seinen Klassenkameraden im Luftschutzstollen „Glockengasse". Wie Hunderte Male vorher waren er und seine Klasse an diesem Tag in den Stollen gegangen.

„An diesem Tage hatten wir zu der Zeit, in welcher sonst immer die sogenannte Entwarnung gewesen war, auf einmal ein Grollen gehört, eine außergewöhnliche Erderschütterung wahrgenommen, auf die eine vollkommene Stille im Stollen gefolgt war. Die Menschen schauten sich an, sie sagten nichts, aber sie gaben durch ihr Schweigen zu verstehen, daß das, was sie schon monatelang befürchtet hatten, jetzt eingetreten war, und tatsächlich hatte sich bald nach dieser Erderschütterung und dem darauf gefolgten Schweigen von einer Viertelstunde rasch herumgesprochen gehabt, daß auf die Stadt Bomben gefallen waren."[23]

---

23 ebda, S. 31/32

Gegen halb zwölf drehen die Flugzeuge ab und fliegen wieder in Richtung Luftwaffenstützpunkt Foggia in Süditalien, wo sie gegen 14.00 Uhr eintreffen – mit sieben durch Flakbeschuß beschädigten Maschinen, aber ohne Verluste.

Dieser erste Luftangriff auf Salzburg hinterläßt in der Stadt tiefe Spuren – sowohl an den Bewohnern als auch an den Baulichkeiten. Die Statistik gibt nüchtern Auskunft: 244 Todesopfer, 146 total beschädigte Gebäude und, jedes Schulkind in Salzburg lernt es, eine zerbombte Domkuppel. Es herrschen Fassungslosigkeit und Verbitterung: Salzburg, die schöne Stadt, ist keine Insel der Seligen. B. läuft nach der Entwarnung, wo alle hineilen, in Richtung Altstadt. Auf dem Makartplatz sieht er das Mozartwohnhaus als einen rauchenden Schutthaufen, hört alle möglichen Notsignale von Feuerwehren und Rettungswagen, *und in der Luft war der eigentümliche Geruch des totalen Krieges.*[24] Über die halbfertige Staatsbrücke gelangt B. auf den Alten Markt, wo *der bekannte und geschätzte Herrenausstatter Slama*[25] sein Geschäft hatte, das er nun arg in Mitleidenschaft gezogen vorfindet. Aber die Menschen bleiben nicht stehen, sie eilen weiter in Richtung Residenzplatz. B. hinterher.

„[. . .] mich wunderte, daß die Leute, die ich auf dem Alten Markt gesehen hatte, von der Zerstörung des Herrenausstatters Slama kaum Notiz nehmend, in Richtung Residenzplatz liefen, und sofort, wie ich mit mehreren Zöglingen um die Slamaecke gebogen bin, habe ich gewußt, *was* die Menschen hier nicht stehenbleiben, sondern weiterhasten ließ: den Dom hatte eine sogenannte Luftmine getroffen, und die Domkuppel war in das Kirchenschiff gestürzt [. . .]“[26]

Ein Bild, das sich nicht nur bei B., sondern bei vielen Salzburgern unauslöschlich ins Gedächtnis prägt. B. beschreibt die klaffende Wunde am Dom:

„[. . .] wir konnten schon von der Slamaecke aus direkt auf die großen, zum Großteil abgerissenen Gemälde auf den Kuppelwänden schauen: sie ragten jetzt, angestrahlt von der Nachmittagssonne, in den klarblauen Himmel; wie wenn dem riesigen, das untere Stadtbild beherrschende Bauwerk eine entsetzlich blutende Wunde in den Rücken gerissen worden wäre, schaute es aus.“[27]

Zum Zeitpunkt des Einschlags spielt Domkapellmeister Joseph Messner auf der Domorgel, er überlebt wie durch ein Wunder unverletzt. B. stolpert weiter zum weitgehend zerstörten Kaiviertel, wo in riesigen qualmenden Schutthaufen nach Verschütteten gesucht wird. 72 Menschen kommen hier ums Leben. Das alte Bürgerspital, erbaut im 16. Jahrhundert, ist durch

---

24 ebda. S. 32/33
25 ebda., S. 33
26 ebda., S. 33/34
27 ebda., S. 34

einen Volltreffer zur Hälfte zerstört, hier finden 15 Menschen den Tod. Es ist ein Ort des Grauens, für B. ebenso wie für andere, die der Weg hierher führt.

„Auf dem Weg in die Gstättengasse war ich auf dem Gehsteig, vor der Bürgerspitalskirche, auf einen weichen Gegenstand getreten, und ich glaubte, es handle sich, wie ich auf den Gegenstand schaute, um eine Puppenhand, auch meine Mitschüler hatten geglaubt, es handelte sich um eine Puppenhand, aber es war eine von einem Kind abgerissene Kinderhand gewesen."[28]

Die später für Bs. autobiographische Werke konstatierte Kunst des Fabulierens, Übertreibens und Verfälschens wird im Fall

6 *Der beschädigte Dom als Symbol für die verwundete Stadt (Foto: AStS)*

dieser Geschichte nicht anzuwenden sein, die Kinderhand ist schreckliche Realität. Im Bürgerspital trifft nach dem Bombenangriff als erster ein junger Rettungsmann ein, der an einem vom 1. Stockwerk herabhängenden Seil zieht, das sich als der Darm einer durch den Luftdruck hinaufgeworfenen und an Eisenhaken aufgespießten Frau herausstellt. Und die Statistik der nicht identifizierten Bombenopfer meldet beim Auffindungsort Bürgerspitalgasse 2 lapidar: Weiblicher Fleischklumpen, Alter unbekannt.

„Erst bei dem Anblick der Kinderhand war dieser erste Bombenangriff amerikanischer Flugzeuge auf meine Heimatstadt urplötzlich aus einer den Knaben, der ich gewesen war, in einen Fieberzustand versetzenden *Sensation* zu einem *grauenhaften Eingriff der Gewalt* und zur Katastrophe geworden."[29]

Das Gebiet rund um den Hauptbahnhof wird besonders arg getroffen, in der Fanny-von-Lehnert-Straße, Elisabethstraße, Itzlinger Hauptstraße, Kreuzstraße und Ischlerbahnstraße sterben 65 Menschen. B. sieht reihenweise mit Leintüchern zugedeckte Tote, sieht Lastautos, die riesige Holzsärgestapel in die Fanny-von-Lehnert-Straße transportieren, hört die Stimmen der Angehörigen der Toten, riecht den Geruch von verbranntem Tier- und Menschenfleisch. Ein damals 16jähriger ist bei den Aufräumungsarbeiten dabei:

---

28 ebda., S. 35/36
29 ebda., S. 36

„Da liegt ein Arm, dort sind die Eingeweide, der Oberschenkel, der Kopf. Und die mußten wir damals mit unserer Schaufel einsammeln und in Behälter geben. Für mich Sechzehnjährigen hat damit eigentlich der Krieg angefangen."[30]

Auch für B. bleibt sein Bild der Geschehnisse unvergessen und, wie er schreibt, lebensentscheidend.

„Das Geschehen in der Fanny von Lehnertstraße ist ein entscheidendes, mich für mein ganzes Leben verletzendes Geschehen als Erlebnis gewesen. Die Straße heißt auch heute noch Fanny von Lehnertstraße, [. . .] aber kein Mensch weiß heute, wenn ich die Leute, die dort wohnen und (oder) arbeiten, frage, etwas von dem, das ich damals in der Fanny von Lehnertstraße gesehen habe, die Zeit macht aus ihren Zeugen immer Vergessende."[31]

Vergessen sind auch der ukrainische Ostarbeiter Alexander Selenko und der Italiener Arcangelo Pesenti. Sie werden indirekt Opfer des Luftangriffes. Beide haben im allgemeinen Chaos nach dem Bombenangriff in einem Arbeitslager verstreut herumliegende Zigaretten aufgeklaubt. Selenko wird einen Tag darauf von der Gestapo kurzerhand aufgehängt, Pesenti nach der „Volksschädlings-Verordnung" als Plünderer zum Tode verurteilt und im Jänner 1945 hingerichtet.

„Die Menschen befanden sich zu dieser Zeit in einem fortwährenden Angstzustand, und beinahe ununterbrochen waren amerikanische Flugzeuge in der Luft, und der Gang in die Stollen war allen in der Stadt zur Gewohnheit geworden [. . .]"[32]

Zwischen 16. Oktober 1944 und 1. Mai 1945 wird die Stadt Salzburg von 15 Luftangriffen heimgesucht. Nach dem verheerenden 3. Angriff am 17. November, bei dem unter anderem Bs. Geige vernichtet und das gerüchteumwobene Sanatorium Wehrle schwer beschädigt wird, holt die Großmutter den bald 14jährigen B. nach Traunstein zurück. B. fährt anschließend nach eigenen Angaben täglich mit dem Zug von Traunstein nach Salzburg in die Schule, vom durch Bomben schwer lädierten Hauptbahnhof geht es zumeist gleich weiter in einen der Stollen. B. sieht eine Stadt, die langsam im Chaos versinkt. Doch eben diese Stadt des rasch fortschreitenden Verfalls, die durch Tausende von Flüchtlingen in eine chaotische verwandelt wird, die Stadt der Verzweiflung und Ausweglosigkeit in ihren letzten Kriegs- und NS-Monaten hat B. plötzlich lieben können,

„[. . .] nur in dieser Zeit, weder vorher noch nachher, tatsächlich inständig lieben

---

30 Zeitzeuge A.H. zit. bei Erich Marx, Reinhard Rudolf Heinisch, Harald Waitzbauer: Bomben auf Salzburg. Die „Gauhauptstadt" im „Totalen Krieg". Schriftenreihe des Archivs der Stadt Salzburg, Nr. 6. Salzburg 1995, S. 180
31 Thomas Bernhard, Die Ursache, S. 37
32 ebda, S. 37

können und auch inständig geliebt. Jetzt, in der höchsten Not, war diese Stadt plötzlich das, was sie vorher niemals gewesen war, eine lebendige, wenn auch verzweifelte Natur als Stadtorganismus [. . .]"[33]

Die große Aufschrift auf der Eingangshalle des Hauptbahnhofes „Räder müssen rollen für den Sieg" geht eines Tages in Trümmer, gegen Ende 1944 werden die Schulen geschlossen, B. bleibt bis Kriegsende bei seiner Familie in Bayern und erlebt die Übergabe der Stadt an die Amerikaner am 4. Mai 1945 nicht mit. Ein letztes Stimmungsbild vor dem Abschied für mehrere Monate:

„Die Stadt war jetzt nur mehr noch grau und gespenstisch, und die Lastwagen und die holzgasbetriebenen Personenwagen mit ihren in den Wagenhintern hineingeschweißten Kesseln transportierten, so schien es, nur mehr noch Särge."[34]

2. 1945 und die Jahre danach – Der weite Weg zur Normalisierung

2.1. *Brot und Spiele*

Am 4. Mai 1945 rücken die 3. Infanterie-Divsion und die 106. Kavalleriegruppe der 7. US-Armee in die Stadt Salzburg ein. Kampflos. Weiße Leintücher, die aus den Fenstern hängen, und eilig zusammengenähte rot-weiß-rote Fahnen begleiten die Fahrt der Amerikaner auf menschenleeren Straßen von Freilassing in die Innenstadt, wo sie erstmals auf die Bewohner der Stadt treffen. Die Umstände der Übergabe von Salzburg sind bereits anderswo ausführlich beschrieben, sodaß wir hier auf eine Wiederholung von bereits Gesagtem verzichten wollen.[35] Erinnert werden soll hier aber an den namenlosen KZ-Häftling 66698 aus Dachau. Er war im letzten Kriegsjahr in Salzburg dem „Spreng- und Entschärfungskommando" zugeteilt und hatte nach Luftangriffen Zeitzünder und Blindgänger auszugraben. Ein Himmelfahrtskommando, dem neben KZ-Häftlingen auch Kriegs- und Strafgefangene angehörten. Nr. 66698 ist das letzte Opfer im nationalsozialistischen Salzburg. Er wird in den Morgenstunden des 4. Mai, kurz vor dem Einrücken der Amerikaner, in der Nähe des Volksgartens von zwei SS-Männern aufgegriffen und erschossen. Sie entkommen unerkannt.

---

33 ebda., S. 69
34 ebda., S. 77
35 Ilse Lackerbauer, Das Kriegsende in der Stadt Salzburg im Mai 1945. Militärhistorische Schriftenreihe, Heft 35. Wien 1985

7   *7. Mai 1945: Die Linzer Gasse in den ersten Nachkriegstagen
(Foto: AStS)*

Salzburg erlebt nach seiner Befreiung das übliche Chaos eines Gemeinwesens, aus dem sich die bis dahin herrschenden Repräsentanten abgesetzt haben, in dem die Träger der neuen politischen Ordnung nur bedingt handlungsfähig sind und die Besatzungsmacht noch geringe Kenntnisse der lokalen Strukturen hat: Da wird geplündert, da werden alte Rechnungen beglichen, die manchmal tödlich ausgehen, da wird intrigiert, eingesetzt, abgesetzt – Salzburg auf dem Weg zu demokratischen Verhältnissen. Die traditionellen Parteien – schwarz und rot – treten wieder auf, die Kirche sucht ihre alte Position neu.

Die Amerikaner verstehen sich als Hüter der öffentlichen Ordnung: Sie verhängen ein Ausgehverbot von 21.30 Uhr bis 5.00 Uhr früh, Personen, die sich während dieser Zeit auf der Straße aufhalten, werden von der Militärregierung zu 14 bis 30 Tagen Haft verurteilt. Auch sonst erscheinen die Urteile der Militärregierung in der Anfangszeit als hart. Im Juni 1945 wird eine Person wegen „ordnungswidrigen Betragens" und zwei Personen wegen des Besitzes einer Feuerwaffe zu je einem Jahr Gefängnis verurteilt, zwei Personen kommen wegen Trunkenheit mit einem Monat Haft davon.

Bald finden sich jedoch auch Anzeichen einer Normalisierung: Noch im Juni erklingt das Glockenspiel wieder, auch die öffentlichen Verkehrsmittel nehmen ihren Betrieb teilweise wieder auf, außerdem wird das Wahrzeichen der Stadt, die Festung Hohensalzburg, von den Amerikanern wieder freigegeben. Im August werden sogar die ersten bescheidenen Nachkriegsfestspiele gegeben. Salzburg möchte wieder aufbauen, sich normalisieren, „funktionieren". Die Amerikaner möchten das auch, aber sie möchten auch entnazifizieren. Zu Beginn der neuen Zeit lassen sich diese beiden Forderungen noch miteinander verbinden, etwa wenn im Sommer 1945 prominente Stadt-Nazis zum Reinigen der Straßen und Wegräumen von Schutt herangezogen werden. Dutzendfach angebrachte Hakenkreuze und NS-Tafeln werden aus der öffentlichen Landschaft entfernt, aus den städtischen Grenzsteinen gemeißelt, von den Wänden geholt, aus den Stempeln geschnitten. Doch mit der Entnazifizierung ist es nicht leicht, werden doch bis Juli 1946 allein in der Stadt über 10.000 NSDAP-Mitglieder registriert.[36] Die Stadtverwaltung unternimmt in dieser Sache den radikalsten Schritt: Bis März 1946 werden 92 Prozent der Magistratsbediensteten entlassen. Bs. Resümee über die Rückkehr zu den alten politischen Strukturen fällt nicht besonders gut aus:

„Die äußeren Spuren des Nationalsozialismus in Salzburg waren tatsächlich vollkommen ausgelöscht gewesen, als hätte es diese entsetzliche Zeit nie gegeben. Jetzt war der Katholizismus wieder aus seiner Unterdrückung herausgetreten, und die Amerikaner beherrschten alles. [. . .] Die Farbe der Mächtigen war jetzt wieder, wie vor dem Kriege, schwarz, nicht mehr braun."[37]

Bezeichnenderweise seien trotz der vielen Zerstörungen aus der Luft sämtliche Kirchtürme unversehrt geblieben, *wie zum Hohn*.[38] Hier ist gleich hinzuzufügen, daß bei allem Konservativismus, der der Stadt auch noch Jahrzehnte nach Ende des Krieges anhaftete, seit 1945 immer ein Sozialist Bürgermeister der Gemeinde war. Erst 1993 gelang es der ÖVP erstmals, den Bürgermeisterposten mit einem der ihren zu besetzen.

Zurück zum grauen, unsicheren und mageren Alltag. Das NS-Regime und der Krieg hatten in Europa eine Völkerwanderung unvorstellbaren Ausmaßes ausgelöst. Millionen Menschen standen zu Kriegsende entwurzelt in der Fremde oder wurden bald darauf als direkte Folge des Krieges der Heimat verwiesen. Salzburg hat 1945 etwa 80.000 ständige Einwohner. Darüber hinaus tummeln sich zu Kriegsende in der Stadt über 66.000 Flüchtlinge[39], von denen etwa die Hälfte in Flüchtlingslagern untergebracht ist. Fast niemand befindet sich freiwillig hier, etwa weil Salzburg so schön und die Bevölkerung so gastfreundlich gewesen wäre. Jene Reichsdeutschen vielleicht ausgenommen, die während der NS-Zeit in Salzburg einen Dienstposten ergattern konnten.

Letztere Gruppe muß Salzburg und Österreich auf Betreiben der Besatzungsbehörde in Richtung „Altreich" verlassen. Bereits im Juni 1945 haben sich alle in Salzburg wohnhaften Reichsdeutschen zu melden, bis 15. Oktober müssen sie die Stadt verlassen haben, ein Termin, der schließlich mehr als ein halbes Jahr überzogen wird. Von den 66.000 Flüchtlingen, Displaced Persons etc. bleiben 1946 noch immer über 30.000 Menschen in der Stadt zurück, eine Zahl, die sich mit den Jahren nur langsam verringert. Die allgemeinen Schwierigkeiten, die sich in den ersten Nachkriegsmonaten

---

36 AStS, Amt für Statistik
37 Thomas Bernhard, Die Ursache, S. 89
38 ebda., S. 90
39 Salzburger Nachrichten 24. 4. 1946

ergeben, können aber gar nicht so groß sein, als daß dabei bürokratische Vorgänge unter die Räder kämen. Juni 1945: Die Stadt mahnt die Hundesteuer ein.

„Wer im Stadtgebiet einen Hund anschafft oder mit einem Hunde neu zuzieht, hat diesen binnen vierzehn Tagen nach der Anschaffung oder nach dem Zuzuge beim Stadtsteueramt anzumelden. Neugeborene Hunde gelten mit Ablauf des dritten Monats nach der Geburt als angeschafft. Zugelaufene Hunde gelten als angeschafft, wenn sie nicht binnen einer Woche dem Eigentümer oder der Polizeibehörde übergeben werden."[40]

Allerdings, so heißt es weiter, werden *aus Metallersparungsgründen für das Rechnungsjahr 1945 keine neuen Steuermarken ausgegeben.*[41] Auch auf dem Standesamt wird wieder gearbeitet. Als erstes Paar schließen am 12. Mai 1945, eine Woche nach der Übergabe der Stadt an die Amerikaner, Josef Aigner und Josefa Schmidhammer im Marmorsaal des Schlosses Mirabell den Bund fürs Leben.

Der Alltag der ersten Nachkriegszeit wird durch Mangel geprägt. Mangel an Grundnahrungsmitteln, Mangel an Gebrauchsgütern, an Bekleidung, Heizmaterial und Wohnraum, vor allem Wohnraum. An Güter des gehobenen Bedarfs ist hier gar nicht zu denken. Lebensmittel sind bewirtschaftet und werden rationiert ausgegeben. Die Kontrolle erfolgt über die Lebensmittelkarte, die für eine „Zuteilungsperiode" (in der Regel 28 Tage) Gültigkeit besitzt. Satt werden die Menschen der Kategorie „Normalverbraucher" mit den Zuteilungen nicht. Für 28 Tage erhält ein Erwachsener über 18 Jahre zunächst: $3^1/2$ kg Schwarzbrot, 2 kg Weißbrot, $1^1/2$ kg Weißmehl, $^1/2$ kg Zucker, $^1/4$ kg Butter, $^1/4$ kg sonstiges Fett, 30 dag Marmelade, $^3/8$ kg Käse, 90 dag Fleisch, 5 dag Ersatzkaffee und 30 dag verschiedene Nährmittel, außerdem täglich $^1/8$ l Magermilch. Das entspricht einem ernährungsmäßigen Wert von 1100 Kalorien am Tag. Kleine Fortschritte in der Ernährungslage erhalten in den Medien daher breiten Raum.

„Am Montag, 25. d. M., in den ersten Einkaufsstunden, sah man vor den Salzburger Bäckerläden nur freundliche Gesichter. Besonders die Hausfrauen strahlten, konnten sie doch etwas heimbringen, was es seit langer Zeit nicht mehr gegeben hat: Weißgebäck."[42]

Die Bevölkerung wird aufgefordert, durch Anbau von Gemüse das ihrige zur Verbesserung der Lage beizutragen. Im Oktober 1945 werden die Lebensmittelrationen erhöht, Sonderzuteilungen an Kartoffeln, Obst, Käse und Tabak erfreuen die Gemüter. Unter den Lebensmitteln der Sonderra-

---

40 Salzburger Nachrichten 19. 6. 1945
41 ebda.
42 Salzburger Nachrichten 26. 6. 1945

tion für Weihnachten befinden sich auch 8 dag Bohnenkaffee.

Salzburg ist auf dem Lebensmittelsektor auf Hilfe von außen angewiesen. Daß es zu keiner Hungerkatastrophe kommt, ist in erster Linie diesen ausländischen Hilfslieferungen zu danken. Vor allem die amerikanische Besatzungsmacht hat großen Anteil an der ausreichenden Lebensmittelversorgung, weiters transportieren Hilfskonvois aus der Schweiz und aus Schweden Lebensmittel, Vitaminpräparate, Bekleidung und Medikamente nach Salzburg und Österreich.

8 *Anstellen um eine Kinokarte; Lifka-Kino 1946*
   (Foto: A. Madner © by A. Scope)

In Salzburg ist man 1945 mit Nahrungsmitteln besser versorgt als in anderen Bundesländern. Eine Angleichung der Lebensmittelrationen der Bundesländer untereinander führt im Laufe des darauffolgenden Jahres wieder zu einer Verschlechterung der Lage in Salzburg. Im Juni 1946 werden bei den Normalverbrauchern die Rationen an Roggenbrot um $1/2$ kg, an Fleisch und Hülsenfrüchten um je 20 dag und an Zucker um 8 dag gekürzt. In diesem Monat wird bei den Arbeitnehmern ein durchschnittliches Untergewicht von 8,8 kg festgestellt. Im Sommer 1946 leiden zwei Drittel aller Kinder zwischen 6 und 14 Jahren an Zahnfäule. Sogar die Zündhölzer unterliegen plötzlich der Bewirtschaftung und im Oktober 1946 kommt es zu Stromabschaltungen und zur Einstellung von Zügen.

Ebenfalls im Oktober läuft die Aktion „Schülerausspeisung" an. Aus Beständen der US-Armee und dank der Unterstützung der Katholischen Wohlfahrtsaktion Amerikas erhalten 17.000 Schüler in Stadt und Land Salzburg täglich eine Milchspeise oder einen Gemüseeintopf mit Fleischeinlage sowie Weißbrot *aus amerikanischem Mehl.*[43] „Wir sind zwar noch klein, aber auch wir Kleinen wollen schon mithelfen, daß unser liebes Österreich wieder groß und angesehen in der Welt wird", sagt eine Schülerin vor Vertretern der Militärregierung anläßlich des Ausspeisungsbeginns in der Schule Salzburg-Nonntal.

---

43 Salzburger Nachrichten 22. 10. 1946

„Ein Heimatlied der Jugend beschloß den offiziellen Teil der Eröffnungsfeier. Dann
aßen die Kinder die erste Mahlzeit der amerikanischen Schüleraussspeisung."[44]

Ende 1946 kann die Bevölkerung mit der Lebensmittelkarte Nahrungsmittel
für 1550 Kalorien pro Tag beziehen, es kommen mehr Weißbrot, Maisgries,
Zucker und Keks zur Ausgabe, gleichzeitig bemühen sich die zuständigen
Landesbehörden zu erklären, aus welchen Gründen eine Preiserhöhung bei
Mehl und Brot vorgenommen werden muß. Eine Gegenüberstellung macht
deutlich, wie stark Salzburg auf dem Lebensmittelsektor von ausländischer
Hilfe abhängig ist.

TABELLE 1: Lebensmittelversorgung des Landes Salzburg
            vom 14. 10.–10. 11. 1946

	aus US-Beständen	aus österr. Produktion
Weizenmehl	1.157 t	220 t
Maismehl	795 t	
Sojamehl	44 t	
Frischfleisch	417 t	
Fleischkonserven	4 t	
Heringe	250 t	
Maisgrieß	201 t	
Reis/Haferflocken	66 t	
Hülsenfrüchte	212 t	
Fett		128 t
Zucker		123 t
Marmelade		6 t
Kartoffeln		1.612 t
Vollmilch		888.312 l
Magermilch		687.932 l

Quelle: Salzburger Nachrichten 11. 12. 1946

Für manche ist die Zuteilung zu wenig. Trotz der Erhöhung der Normalver-
braucherration auf 1550 Kalorien täglich wird aufgrund der Lebensmittelknappheit ein beträchtliches Ansteigen der Tuberkulosegefahr registriert
und bei Kindern und älteren Menschen werden verstärkte Anzeichen von
Unterernährung festgestellt. 1550 Kalorien sind weniger als die Hälfte dessen, was zur gleichen Zeit ein Durchschnittamerikaner täglich zu sich
nimmt. Protestaktionen, Hungerdemonstration und „Tumulte" im Ernäh-
rungsamt machen auf die prekäre Ernährungssituation aufmerksam. Bis
1948 wird gebratenes oder eingepökeltes Katzenfleisch von einem gar nicht
kleinen Teil der Bevölkerung als ausgezeichnete Abwechslung im Menü-
plan angesehen.

---

44 ebda.

Was nicht legal zu bekommen ist, versuchen die Menschen auf dem Schwarzmarkt zu ergattern oder in Nachbars Garten zu organisieren. Der Schwarzmarkt in Salzburg treibt prächtige Blüten, Angebot und Nachfrage sind gewährleistet. Wer über das nötige Kleingeld verfügt, kann sich mit all jenem eindecken, wonach ihm der Sinn steht, vom Lebensmittel bis zum Luxusgegenstand, von Weizenmehl, Äpfel und Essig über

9 *Auslage des Schuhhauses Denkstein 1947*
   (Foto: A. Madner © by A. Scope)

Alkoholika und Zigaretten bis zu Saccharin, Opiumtabletten und Schweizer Uhren ist in Salzburg alles zu haben. Die Herkunft der Ware ist dunklen Ursprungs und wird zum Großteil durch Diebstahl und Plünderung herangeschafft. Vorzugsweise werden Eisenbahnwaggons erbrochen oder zentrale Sammellager ausgeplündert. Einer der maßgeblichen Umschlagplätze in Salzburg ist das „Lager Parsch", ein zumeist von russischen und ukrainischen „displaced persons" bewohntes Barackendorf. Aber auch in zahlreichen Privatwohnungen werden Lager für Handelsware unklarer Herkunft angelegt. So etwa beschlagnahmt im August 1945 die für den Schwarzmarkt zuständige Wirtschaftspolizei nach mehreren Hausdurchsuchungen im Stadtteil Gnigl neben verschiedenen Bekleidungsgegenständen: 100 kg Kaffeeersatz, 5 kg Suppenwürfel und 24 Dosen Nestlé Kindermehl; in einer Wohnung in der Rainerstraße werden 1 Kiste und 4 Kartons mit Lebensmitteln, weiters 5 kg Würfelzucker sowie Zigaretten und Tabak entdeckt; ein Hilfspolizist erwischt auf der Straße einen Mann, der mit einem Faß mit 100 kg Butterschmalz unterwegs ist; und in mehreren Häusern in der Schillinghofstraße findet die Polizei neben Stoffbahnen und Bekleidungsgegenständen 57 kg Kaffeersatzmischung und 50 kg Kochsalz. Woche für Woche werden von der Polizei bis zu 50 Schleichhandelsfälle registriert. Die Duldung eines Schwarzmarktes durch die Behörden wie etwa in Wien findet in Salzburg nicht statt. In der Zeit von Juli bis Dezember 1945 werden in diesem Zusammenhang von der Polizei folgende Fälle registriert: 140 Einbruchsdiebstähle, 39 Plünderungen, 229 Fälle von Schwarzhandel und 54 Fälle von Schwarzschlachtungen.[45]

---

45 Salzburger Nachrichten 26. 1. 1946

Auf welche Weise etwa Brot auf den Schwarzmarkt gelangt, sei an einem Beispiel illustriert: Einer der bereits seit der Zwischenkriegszeit in Salzburg ansässigen bulgarischen Gärtner erwirbt irgendwoher 1.500 kg Getreide und läßt dieses vermahlen. Das Mehl verkauft er anschließend zu Schleichhandelspreisen einem Russen, der es in einer Bäckerei im Stadtteil Aiglhof verarbeiten läßt. Um die Anzahl der Brotwecken und damit die Spanne noch etwas zu vergrößern, werden dem Mehl halb verdorbene Kartoffeln beigemischt. Das Brot wird schließlich zu 15 bis 16 Schilling pro Wecken auf dem Schwarzmarkt abgesetzt, das ist das 18fache des behördlich festgesetzten Preises.[46]

Eine beliebte Methode, Lebensmittel für den Schwarzmarkt zu beschaffen, ist die Plünderung von Gärten und Feldern. Da in dieser Zeit beinahe jeder Haushalt, der über einen kleinen Garten oder Hinterhof verfügt, Kartoffeln und Zwiebel anbaut oder sich Kaninchen und Hühner hält, sind die Möglichkeiten für Gartenplünderer außerordentlich gut. Beim nächtlichen Abklauben größerer Kartoffelfelder besteht für den „Erntenden" kaum ein Risiko. Zwischen Mai und September 1945 werden von den Feldern in der Stadt Salzburg 25.000 kg Erdäpfel als gestohlen gemeldet. Bei derartigen „Feldzügen" durch Wald, Flur, Garten und Hinterhof weiters sehr begehrt sind alle Arten von Obst und Gemüse, Brennholz, Hühner und Kaninchen. Sogar Schweine werden aus den Ställen geholt und gleich in der Nähe geschlachtet.

Die Preise auf dem Schwarzmarkt sind exorbitant. Sie können nur durch Veräußerung von Mobilien und Pretiosen oder aber durch auf ungesetzliche Weise beschafftes Bargeld oder Tauschgegenstände beglichen werden. Ende 1946 kosten auf dem Schwarzmarkt: Kartoffeln das 7fache, Brot das 15 bis 25fache, Mehl das 30fache.

TABELLE 2: Nahrungsmittelpreise Ende 1946 im Geschäft und
auf dem Schwarzmarkt (in kg)

Nahrungsmittel	geregelter Preis	Schwarzmarktpreis
Kartoffeln	S 0,25	S 1,50
Brot	S 0,90	S 15,00
Mehl	S 0,79	S 25,00

Quelle: Berichte und Informationen 45/1947

1946 hat die Wirtschaftspolizei bereits über 2.600 Fälle zu bearbeiten, in diesem Zusammenhang werden unter anderem 13 Autos, 102 Autoreifen, 700 Glühbirnen, 1.220 kg Reis, 90 kg Saccharin, 68 kg Schokolade, 350 Liter

---

46 Salzburger Nachrichten 11. 12. 1946

Schnaps und Cognac, 1.300 kg Fleisch- und Wurstwaren und 60 kg Kaffee beschlagnahmt. Über 300 Personen werden vor Gericht gestellt.

Die Post verzichtet in Salzburg bis 1948 auf das Aufstellen öffentlicher Telefonzellen. Einzelne Versuche haben nämlich gezeigt, daß bereits nach wenigen Stunden die Telefonhäuschen wieder ausgeplündert waren. Erst im Oktober 1948 werden elf öffentliche Telefonautomaten auf den Straßen und Plätzen der Stadt aufgestellt.

Nach einer vorübergehenden Verschlechterung der Ernährungverhältnisse in den Jahren 1946 und 1947 beginnt 1948 eine entscheidende Besserung der Versorgungslage. Durch ausreichende Eigenversorgung und zusätzliche Importe werden im April 1948 die Bewirtschaftung von Tee, Kakao, Schokolade, Marmelade, Wildpret, Äpfeln und Saccharin aufgehoben. Anfang 1950 sind nur mehr Zucker und Kunstspeiseeis bewirtschaftet, 1953 werden die letzten behördlichen Regelungen in der Nahrungsmittelversorgung beseitigt.

Eine äußerst angespannte Situation herrscht nach Kriegsende und noch Jahre danach auch auf dem Wohnungssektor. Bereits durch den Bevölkerungszuzug während der NS-Zeit wurde es eng in Salzburgs Häusern, Hütten und Wohnungen. Noch enger aber muß die Stadtbevölkerung in den ersten Jahren nach dem Krieg zusammenrücken. Die Stadtbevölkerung ist von 75.000 im Jahr 1939 auf über 100.000 im Jahr 1946 angewachsen. Außerdem werden 1946 36.000 Ausländer, Flüchtlinge, Displaced Persons und aus dem Ausland zurückgekehrte Österreicher im Stadtgebiet gezählt.

Durch die Bombenangriffe auf die Stadt sind rund 7.600 Wohnungen verlorengegangen, die US-Armee beschlagnahmt bis August 1945 fast 1.200 Privatwohnungen für ihre Soldaten. Viele von denen, die das Glück besitzen, in einem festen Haus zu wohnen und ein festes Dach über dem Kopf zu haben, müssen ihr Zimmer für gewöhnlich mit einer zweiten oder dritten Person teilen. 14.000 Menschen sind als obdachlos registriert. Mit teilweise drastischen Mitteln versucht die Stadtverwaltung, der Wohnungsmisere einigermaßen beizukommen. Ende August 1945 wird jeglicher ziviler Zuzug nach Salzburg gesperrt.

„Der Bürgermeister der Landeshauptstadt verlautbart: Die Stadt Salzburg ist mit Menschen vollkommen überfüllt. Mit Zustimmung der Militärregierung tritt daher eine Sperre jedes weiteren Zuzuges in das Stadtgebiet Salzburg ab sofort in Kraft."[47]

Knapp zwei Wochen darauf heißt es erneut:

---

47 Salzburger Nachrichten 31. 8. 1945

„Der Bürgermeister der Landeshauptstadt Salzburg verlautbart: Ab sofort ist das freie
Vermieten von Wohnräumen und Schlafstellen verboten. [. . .] Jeder frei werdende
Raum ist innerhalb 48 Stunden dem Städtischen Wohnungsamt zu melden, welches
sodann über seine weitere Verwendung entscheiden wird."[48]

Mit der Zwangsbewirtschaftung von Wohnungen erhalten noch 1945 zirka
12.000 Personen von der Stadt einen Wohnraum zugewiesen.

„Durch diese Zwangsmaßnahmen konnte das Problem der Obdachlosigkeit einigermaßen gemildert werden. Die Folge waren allerdings überbelegte Wohnungen."[49]

Nüchtern meldet die Statistik, daß im Oktober 1945 41.727 Wohn- und
Schlafräume von 78.620 Personen bewohnt werden. Alle anderen, das sind
über 20.000 Menschen, leben in Barackenlagern und ehemaligen Kasernen.
Bis Oktober 1946 werden außerdem 427 sogenannte Behelfsheime errichtet, aus Holz oder massiv gebaute Zimmer-Küche-Kabinett-Häuschen. Ende
des Jahres sind 408 neue Wohnungen fertiggestellt, die allerdings zahlreiche Mängel aufweisen wie zum Beispiel fehlende Wasserleitungen.
    Der Organismus der Stadt richtet sich auf die gegebenen Verhältnisse ein,
vieles ist provisorisch und improvisiert. Kinder werden geboren, neue Vor-
namen beherrschen die Register: Wolfgang, Helmut, Harald und Gerhard
sind bei den Buben die Modenamen der späten vierziger Jahre, Christine,
Renate, Elfriede und Brigitte heißen die Mädchen.
    An Unterhaltung und Zerstreuung wird nach heutigen Maßstäben nur
wenig geboten, abgesehen davon, daß sich die Frage nach Unterhaltung aus
finanziellen Gründen nicht sehr oft stellt. Die Menschen leben von der Hand
in den Mund, möchten sich aber gerade deshalb Wünsche erfüllen, die sie
über die momentane Realität hinwegheben. Vielleicht durch einen Kinobe-
such oder durch die Teilnahme an einer Festveranstaltung, vielleicht in
einen Zirkus gehen, eine Tanzveranstaltung aufsuchen, sich nur in ein
Lokal setzen und für kurze Zeit das Grau des Hier und Jetzt verdrängen.
    Kino zum Beispiel. Die Faszination des Lichtspieltheaters, dieser abge-
dunkelte Tempel der Unterhaltung und des schnellen Vergessens, ist ungebrochen. Noch am 3. Mai 1945, einen Tag vor Übergabe der Stadt an die
Amerikaner, bestand die Möglichkeit eines Kinobesuchs. Nach Kriegsende
sperren die Kinos mit Bewilligung der amerikanischen Militärregierung ab
Juli wieder auf; zunächst am 19. Juli das im Festspielhaus eingerichtete
Lichtspielhaus, zwei Tage darauf kann sich die Bevölkerung im Lifka-Kino
amerikanische Filme anschauen. Weitere Kinos, die bereits 1945 wieder
geöffnet sind, sind das Lichtspielhaus Maxglan und die Schubert-Lichtspie-

---

48 Salzburger Nachrichten 12. 9. 1945
49 Ingrid Bauer, Thomas Weidenholzer, Baracken, Flüchtlinge und Wohnungsnot: Salzburger Nach-
    kriegsalltag. In: Wohnen in Salzburg. Geschichte und Perspektiven. Schriftenreihe des Archivs der
    Stadt Salzburg, Nr. 1. Salzburg 1989, S. 36

le im Stadtteil Gnigl. Die Kinos zeigen neben anfangs wenigen deutschsprachigen Filmen vorwiegend Produktionen aus der amerikanischen Traumfabrik Hollywood, da die deutschen Filme aus der NS-Zeit starken Restriktionen unterworfen sind.

1946 werden zwei weitere Kinos eröffnet. Das sogenannte „Neue Kino" in Salzburg-Itzling, vulgo Plainkino, ist im Turnsaal einer Schule situiert. Ab Mitte Juni können die Salzburger das Mirabell-Kino wieder besuchen, das durch eine Rochade in der Kinobranche wiedersteht: Das amerikanische Truppenkino „Roxy", bisher im (Kleinen) Festspielhaus untergebracht, übersiedelt in die Räumlichkeiten des Lifka-Kinos, dieses weicht daraufhin ins renovierte Mirabell-Kino aus; Premierenfilm: „100 Mann und ein Mädchen". Die Salzburger sind zu dieser Zeit fleißige Kinogeher, 1946 werden über 1,5 Millionen Kinobesucher gezählt, die Kinokarte kostet im Durchschnitt 1 Schilling, das ist soviel wie der Preis für 4 Obusfahrten, für 2 Liter Vollmilch oder 4 kg Erdäpfel. Bis Mitte der fünfziger Jahre wird die Besucherzahl noch auf über 3 Millionen pro Jahr ansteigen.

Wem es finanziell möglich ist, geht zum Tanz aus. Täglich werden im Gasthaus „Steinkeller" in der Schallmooser Hauptstraße und in den Tanzsälen des Gasthauses „Kreuzbrückl" in Maxglan, wöchentlich beim Jägerwirt in Gnigl Tanzabende geboten. Wer sich auf dem Tanzparkett unsicher fühlt, kann Einzelstunden im Tanzinstitut Reiter in der Sigmund-Haffner-Gasse nehmen. Man freut sich auf Motorradrennen, die mitten in der Stadt stattfinden, wie zum Beispiel im Oktober 1946 auf der Strecke Nonntaler Hauptstraße-Fürstenallee. Kabaretts und Dilettantenbühnen finden guten Zulauf. „Eßls Bauernbrettl" im Gasthaus „Rangierbahnhof" in Gnigl etwa, das „Volkstheater Werner" im Gasthaus „3 Hasen" oder für mehrere Jahre die „Volksbühne Ott" in der Ignaz-Harrer-Straße, in der Stücke wie „Das rotseidene Höserl" oder „Der Witwentröster" gegeben werden, das Cabaret „Bei Fred Kraus" lockt mit Kleinkunstparaden. Besser Bestallte besuchen das Tanz-Kabarett-Varieté „Oase" in der Getreidegasse (dort, wo heute Fast Food feilgeboten wird), das mit einem „internationalen Varietéprogramm" aufwartet. Daß mit dem Anbieten von leichter Unterhaltung nicht alle Glück haben, zeigt der Fall des Erich Hüffel: Mit seinem Kabarett „Laterndl an der Stiege" muß er im Oktober 1946 als erstes Unternehmen der Nachkriegszeit Konkurs anmelden.

Schon ein Jahr nach dem Krieg versucht Salzburg, das auf B. noch jahrelang einen verkommenen und lebensüberdrüssigen Eindruck macht[50], sich zwischen Bombenruinen und Bauschutt, Unterernährung und Kohlenmangel auch wieder halbwegs mondän, gar großstädtisch zu geben: Im August 1946 wird mit der Barock-Bar in der Schwarzstraße das erste Nachtlokal eröffnet, das es *den Besuchern von Veranstaltungen ermöglicht, in einem*

---

50 Thomas Bernhard, Die Ursache, S. 91

apart ausgestattetem Raum und bei dezenter Musik noch einige Stunden angenehm zu verbringen.[51] Einige Monate darauf erfolgt gleich nebenan die Eröffnung der Savoy-Bar in der Schwarzstraße 10, *ein altrenommiertes Salzburger Vergnügungsetablissement* und ein *Mittelpunkt des Salzburger Nachtlebens.*[52] Damit entsteht eine Art Bermuda-Dreieck der Nachkriegszeit, wenn man als drittes Lokal das Café Bazar hinzuzählt, in dem ab 1. 1. 1946 der alte Ober Fritz wieder einen „Großen Braunen", einen „Schwarzen" oder eine „Melange" serviert. Gleichzeitig mit Eröffnung der Savoy-Bar wird im Stadtteil Maxglan die erste öffentliche Wärmestube der Stadt eingerichtet, und das Bundesministerium für Volksernährung teilt mit, daß aus Einsparungsgründen in Gaststätten nur mehr zwei Arten von Fleischspeisen, eine zu 50 und eine zu 100 Gramm, verabreicht werden dürfen.

Kriegs- und Nachkriegsjahre haben auch an den zwischenmenschlichen Beziehungen gerüttelt: alleinstehende Frauen, vermißte Männer, alleinstehende Männer, schnelles Geld, amerikanische Soldaten, eine in vielerlei Hinsicht geänderte Gesellschaftsstruktur. Von Mai bis Dezember 1945 werden 660 Ehescheidungsklagen eingereicht, Aufklärungsartikel über Geschlechtskrankheiten in den Tageszeitungen und die Einrichtung von 17 über das ganze Land verteilten Ambulatorien sollen zur Bekämpfung von Tripper und Syphilis dienen, in Salzburg warten Dr. Ernst Brockelmann im Landeskrankenhaus und Dr. Hermann Artner im Gesundheitsamt auf Betroffene.

Alltags-Splitter. Ein neuer Berufszweig hat für mehrere Jahre Hochsaison: Zahlreiche Kammerjäger bieten mittels Inserate ihre Dienste an und versprechen eine erfolgreiche Ver- und Begasung von Wanzen samt Brut. So versucht ein jeder, in der kargen Zeit zu leben und auf irgendeine Weise durchzukommen.

2.2. Die Stadt an der Grenze, oder: Kein Weg nach Bayern

137 km beträgt die Grenzlänge zwischen dem Bundesland Salzburg und Deutschland. Die Grenzlinie verläuft über Hochgebirge und, zwischen der Stadt Salzburg und Oberndorf, in der Flußmitte der Salzach. So gesehen ist eine bequeme Überquerung der Grenze abseits der Grenzbalken nur an wenigen Stellen möglich. Eine der damals wie heute frequentiertesten Übertrittsstellen befindet sich südwestlich der Stadt im Gebiet Walserberg, Großgmain und Marzoll, wo das ungesehene Durchschreiten eines Waldes oder Überqueren eines Feldes genügt, um auf die andere Seite zu gelangen.

---

51 Salzburger Nachrichten 7. 8. 1946
52 Salzburger Nachrichten 8. 10. 1946

Die Rede ist vom illegalen Grenzübertritt. Die alte Grenze, wie sie von 1816 bis 1938 bestand, ist nach der Besetzung Salzburgs und der Wiedererrichtung Österreichs von der amerikanischen Besatzungsmacht geschlossen worden. Der Weg von und nach Deutschland ist für Jahre unterbrochen, die Grenzsperre ist eine totale, und die Möglichkeit, ungehindert von hüben nach drüben zu kommen, bleibt nur noch Angehörigen der US-Streitkräfte. Im August 1945 wird der Einzelreiseverkehr zwischen Österreich und Deutschland eingestellt. Für einen Grenzübertritt sind derart hohe bürokratische Hürden zu nehmen, sodaß es kaum einer schafft, eine Erlaubnis zu erlangen. 1946 ist jede Reise ins Ausland bei der Bundespolizeidirektion schriftlich zu beantragen. Die Einreise aus Deutschland nach Österreich gestaltet sich ähnlich schwierig. Von den im Jahr 1946 gezählten 53.000 Touristen, die in der Stadt absteigen, sind gerade 5 Prozent aus Deutschland, ein für spätere Jahre unvorstellbares Verhältnis. Da die Menschen keine Genehmigung zur Grenzüberschreitung erhalten, treffen sie einander an der Grenzlinie. Ein solcher Treffpunkt ist das auf 1.692 Meter gelegene Purtschellerhaus im Gebiet des Hohen Göll. Das Purtschellerhaus steht direkt auf der Grenze, die Gaststube befindet sich in Österreich, die Küche in Deutschland. Dieses Haus in den Bergen spricht sich als idealer Treffpunkt herum, sodaß Menschen, die Verwandte und Freunde sehen wollen, zum Purtschellerhaus hinaufpilgern. Manchmal sind 1.000 Personen gleichzeitig anwesend, die oft tagelang warten müssen, bis der Partner von drüben eintrifft. Auf diese Weise kommen 1947 über 25.000 Besucher hinauf. Eine sogenannte „Sprecherlaubnis" für Personen diesseits und jenseits des Grenzschrankens beteht lediglich an den Grenzstellen Salzburg-Freilassing, Großgmain-Bayerisch Gmain und Oberndorf-Laufen.

„Man sieht [. . .] nicht ein, warum man im vierten Friedensjahr seine zahlreichen Verwandten, Freunde und Geschäftspartner noch immer nur über Grenzbäume, -flüsse und -berge schreiend und kletternd verständigen oder per Fernglas betrachten darf, warum offiziell kein Stück Vieh, keine Flasche Wein, ja nicht einmal ein Buch hinüber und herüber darf [. . .]"[53]

Erst im Sommer 1948 wird mit Zustimmung der amerikanischen Dienststellen ein eingeschränkter „kleine Grenzverkehr" eingerichtet: Personen, die in Österreich und Deutschland innerhalb einer 10 km-Zone wohnen, erhalten zum Grenzübertritt bestimmte Erleichterungen: Personen, die die Dringlickeit einer Grenzüberschreitung nachweisen können,

„[. . .] deren Geschäfte, Lebensunterhalt, Gesundheit oder kulturelle Tätigkeit einen öfteren oder regelmäßigen Grenzübertritt erfordern (Eigentümer und Pächter von landwirtschaftlichen, forstwirtschaftlichen und Gartengrundstücken, von Fisch- und

---

53 Salzburger Nachrichten 23. 2. 1949

Jagdgründen, einschließlich Familienmitgliedern und Arbeitskräften, Viehhirten, Kaufleute, Gewerbetreibende, Angestellte in der Nachbargrenzzone liegender Betriebe, Rettungsdienst, Ärzte, Tierärzte, Hebammen, Geistliche sowie zum Besuch von Schule und Gottesdienst) [. . .]"[54]

haben nun die Möglichkeit, einen für die Dauer eines Jahres gültigen Grenzübertrittsschein zu beantragen, der sie zu einem sechstägigen Aufenthalt im Nachbarland berechtigt. Dringende einmalige Grenzübertritte werden mittels einer Grenzkarte geregelt. Wer auf der anderen Seite lediglich ein Bier trinken oder einen Berg besteigen oder einen Bekannten besuchen möchte, dem bleibt der Zutritt ins andere Land weiterhin verwehrt. Eine Ausnahme gibt es für Besucher der Salzburger Festspiele. Deutsche Gäste dürfen in diesem Fall mit einer Sondergenehmigung einreisen. Im Jahr 1949 ist es deutschen Festspielbesuchern gestattet, die Stadt Salzburg für 24 Stunden zu betreten, ein Jahr darauf können sie für zehn Tage bleiben.

Im Jänner 1949 wird schließlich der allgemeine kleine Grenzverkehr zwischen der Stadt Salzburg und Freilassing von den amerikanischen Besatzungsbehörden zugelassen. Beim Paßamt gehen für den „kleinen Grenzverkehr" nun täglich bis zu 150 Anträge ein, die innerhalb von 24 Stunden erledigt werden. Zeit, eine Sonderfahrt der „Salzburger Nachrichten" ins Berchtesgadener Land zu organisieren, Fahrpreis 25 Schilling einschließlich Beschaffung des Sammelgrenzausweises; die Anmeldung hat mit Identitätskarte zu erfolgen, außerhalb der Stadt Salzburg Wohnende benötigen neben der Identitätskarte eine Genehmigung der zuständigen Bezirkshauptmannschaft. Der „große Grenzverkehr" für Personen, die außerhalb des grenznahen Bereichs wohnen, scheitert zu dieser Zeit noch an den restriktiven Vorschriften. Eine allgemeine Erleichterung und Normalisierung des Grenzverkehrs erfolgt erst einige Jahre später. 1953 wird die Visumpflicht für Österreicher nach Deutschland ersatzlos gestrichen, und ab 1954 dürfen Bürger der Bundesrepublik Deutschland allein mit einem gültigen Reisepaß nach Österreich einreisen.

Wer in den Jahren 1945 bis 1953 keine Genehmigung erhält und dennoch „hinüber" will, versucht es zu dunkler Nacht auf einsamen Pfaden. Auf österreichischer Seite wird die Grenze von der Zollwache überwacht (erst seit 1949 auch von der Gendarmerie), einer 139 Mann starken Truppe (1946), die über 96 Karabiner und 768 Stück Gewehrmunition verfügt. Die Versuche, die Grenze zu überschreiten, gehen in dieser Zeit sicher in die Zigtausende. Es sind Schmuggler, Staatenlose, Heimkehrer, oftmals ganz normale unbescholtene Maier, Huber und Pichler, die, aus welchen Gründen auch immer, „hinüber" wollen.

Die Grenzlinie bei Großgmain wird durch keinen Berg, keinen Fluß oder sonstiges natürliches Hindernis verlegt. Hier herrscht jahrelang starker

---

54 Salzburger Nachrichten 31. 7. 1948

Ein- und Ausreiseverkehr. Kein Tag vergeht, an dem nicht über versuchte, durchgeführte oder gescheiterte Grenzübertritte berichtet wird. Im Jahr 1946 werden fast 1.000 illegale Grenzübertritte registriert, 1947 exakt 2.157. Über 90 Prozent der Grenzgänger werden im Gebiet der Gemeinden Großgmain, Wals und Grödig festgenommen. Den „betretenen" Grenzgängern droht eine Arreststrafe zwischen zwei und sechs Monaten.

B. ist seit Herbst 1945 wieder in Salzburg, wohnt wie während der NS-Zeit in selbigem Schülerheim in der Schrannengasse 4, nunmehr vom Geistlichen Franz Wesenauer („Onkel Franz") katholisch geführt.

„Jetzt war ich im Johanneum, so die neue Bezeichnung des alten Gebäudes, welches in der Zwischenzeit, die ich bei den Großeltern verbracht hatte, wieder beziehbar und, als nationalsozialistisches, zu einem streng katholischen gemacht worden war, in den wenigen Nachkriegsmonaten war das Gebäude *aus dem sogenannten Nationalsozialistischen Schülerheim in das streng katholische Johanneum* verwandelt worden [. . .]"[55]

Er besucht in Salzburg nun das Humanistische Gymnasium (seit 1962 wieder Akademisches Gymnasium), das im 2. Stock des Studiengebäudes der Alten Universität untergebracht ist. Es riecht nach Jahrhunderten, die vergitterte Milchglasscheibe der Tür zur Direktionskanzlei ziert nach wie vor die Aufschrift „k.k. Staatsgymnasium". Direktor ist ab Juni 1945 Karl Schnizer, der den Posten bereits 1934 bis 1938 innehatte, NS-Direktor Karl Schmid kann sich, wie in der Festschrift des Gymnasiums zu lesen ist, ab Juni 1945 *endlich den wohlverdienten Ruhestand gönnen.*[56] In ihrem Selbstverständnis hat die Schule ein altes, ehrwürdiges, heiliges Erbe zu verwalten, *das die Lehrer der Anstalt zu möglichst gediegener Arbeit im Dienste unserer Jugend verpflichtet und das unsere Schüler zu besonderem Fleiß, zu gewissenhafter Mitarbeit und zu korrektem Verhalten anspornen soll.*[57] Für B. allerdings ist das Gymnasium eine tagtägliche Hölle, eine katastrophale Verstümmelungsmaschinerie des Geistes, und die Professoren die Ausführenden einer korrupten und geistesfeindlichen Gesellschaft.

Bs. Familie lebt zu dieser Zeit noch in Bayern und B. wird wie so viele andere zum illegalen Grenzgänger, wenn er alle vierzehn Tage seine Schmutzwäsche in einen Rucksack stopft, um drei Uhr früh aus dem Schülerheim schlüpft, zu Fuß bis zum 13 Kilometer entfernten Gasthaus Wartberg bei Großgmain stapft und dort *mit allen nur möglichen Begleitumständen der Angst vor der Entdeckung durch Grenzbeamte* über die grüne Grenze ins bayerische Marzoll hinübergeht.[58] Ein Weg, der vielen anderen zum Verhängnis wird, auf dem manche festgenommen werden, manche mit der

55 Thomas Bernhard, Die Ursache, S. 86/87
56 350 Jahre Akademisches Gymnasium Salzburg. 1617–1967. Salzburg 1967, S. 85
57 ebda. S. 249
58 Thomas Bernhard, Die Ursache, S. 109

Dienstwaffe erschossen werden. 1947 werden hier insgesamt 893 Personen aufgegriffen. Nachdem B. Dutzende Male, wie er schreibt, über die grüne Grenze bei Wartberg gegangen ist, wird er für den Rest seines zweiwöchentlichen Pendelns zwischen Salzburg und Traunstein von einem österreichischen Zöllner über den Grenzsteg bei Siezenheim geschmuggelt.

„Diese Grenzgänge waren für mich das Unheimlichste im Leben gewesen. [. . .] Die Zeit war angefüllt mit *Unheimlichkeit* und *Unzurechnungsfähigkeit* und mit fortwährender *Ungeheuerlichkeit* und *Unglaublichkeit*.“[59]

Neben der Schmutzwäsche trägt B. auch Briefe im Rucksack. Briefe von Österreich nach Deutschland, *und in diesen Briefen waren zum Großteil in Österreich, nicht aber in Deutschland erhältliche Saccharinschachteln gewesen.*[60] Mit der sauberen Wäsche in Bs. Rucksack gehen die deutschen Antwortbriefe an die österreichischen Sacharinlieferanten. Der Grund für diesen privaten Postverkehr liegt darin, daß es zu dieser Zeit zwischen Österreich und Deutschland keinerlei Postverkehr gibt.

Die Grenzgegend ist ein Eldorado für Schmuggler. Besonders der Kaffeeschmuggel floriert hier jahrelang. Nachdem in Deutschland der Rohkaffee bis 1953 stark besteuert wird, lohnt sich trotz aller „Kosten“ die illegale Einfuhr von Kaffee aus Österreich. Weitere Schmuggelware in Richtung Deutschland: Tee, Schokolade, Zigaretten und Zigarettenpapier. Den umgekehrten Weg nehmen vorzugsweise Bleistifte, optische Geräte, Eisen- und Stahlwaren und Maschinenersatzteile.

2.3. Hoch- und Tiefbau – Der Wiederaufbau setzt ein

„Überall waren Gerüste aufgestellt, und die Menschen bemühten sich, an diesen Gerüsten Mauern aufzurichten, aber es war ein langsamer und langwieriger und fürchterlicher Prozeß. Auch im Dom waren Gerüste aufgestellt, und schon bald war mit dem Kuppelneubau begonnen worden.“[61]

Der Dom als das Symbol der verwundeten Stadt, wie dies auch B. bewußt war. Als beim ersten Luftangriff auf Salzburg am 16. Oktober 1944 die Kuppel der Domkirche durch eine 500-RDX-Fliegerbombe zerstört wurde, da wurde es den letzten Salzburgern bewußt, daß ihre Stadt keine „Insel der Seligen“ war (nach einem Ausspruch von Salzburgs erstem Gauleiter Friedrich Rainer, später von Papst Paul VI. für Österreich verwendet). Wie die

---

59 ebda. S. 113/114
60 ebda. S. 112/113
61 Thomas Bernhard, Die Ursache, S. 89

ganze Stadt blieb auch der Dom, nur notdürftig zusammengeräumt und evakuiert, noch Jahre Ruine und Baustelle. Die ersten Reiseführer und Bildbände nach 1945 zeigen Vorkriegsfotos oder vermeiden geschickt einen Blick auf die Kuppel. Im Oktober 1946 wird im hinteren Teil des Domes nach zwei Jahren Unterbrechung erstmals wieder ein Gottesdienst gefeiert, der weitaus größere Teil ist nach wie vor Bauplatz. Um die nötigen finanziellen Mittel für die Instandsetzung aufzutreiben, wird im Herbst 1947 die „Quaderaktion" ins Leben gerufen, an der sich Interessierte beteiligen können. Ziel der Aktion ist die Finanzierung von Nagelfluhbausteinen, die man für den Kuppelbau verwenden wollte. Die Spendengröße begann beim einfachen Quader für 500 Schilling bis zum Kubikmeter Quadersteine für 5.000 Schilling. Allen edlen Spendern, so Domkapitular Simmerstätter in dem Rundschreiben, würde *das Bewußtsein, einen Kubikmeter Steine oder wenigstens einen Quader in die Domkuppel eingefügt zu haben, [. . .] künftig eine stille Freude und eine frohe Genugtuung für ihr Opfer sein.*[62] Im Juni 1948 ist der Kuppelaufbau („Tambour") fertiggestellt, der Bau der Kuppel selbst dauert noch ein weiteres Jahr, bis am 26. Mai 1949 die Kreuzaufsteckung erfolgt.

Doch bis dahin ist es noch einige Zeit hin, blättern wir noch einmal zweieinhalb Jahre zurück.

Im Herbst 1946 kehrt Bs. Familie nach Österreich zurück, Mutter Herta mit ihrem Mann Emil Fabjan, Friseur, die Kinder Peter und Susanne sowie die Großeltern Anna und Johannes Freumbichler, Schriftsteller.

„Ende sechsundvierzig waren meine Großeltern und meine Mutter und mein Vormund mit den Kindern plötzlich über Nacht, weil sie Österreicher und nicht Deutsche sein wollten und das Ultimatum der deutschen Behörden, entweder die deutsche Staatsbürgerschaft anzunehmen über Nacht oder genauso über Nacht nach Österreich zurückzukehren, mit ihrer Rückkehr nach Österreich und also nach Salzburg beantwortet haben, nach Salzburg zurückgekommen"[63],

schreibt B. über die Hintergründe des Orts- und Staatenwechsels. Die (mit B.) siebenköpfige Familie erhält eine Zweizimmerwohnung in der Radetzkystraße im Stadtteil Aiglhof, in einer während der NS-Zeit für Wehrmachtsangehörige erbauten Siedlung. Nach Großadmiral Tirpitz benannte die nationalsozialistische Stadtverwaltung zunächst dieses Straßenstück. Nach einem Vorschlag des Volkskundlers Leopold Ziller vom Juni 1945 sollte die Straße anschließend nach dem Salzburger Heimatforscher Karl Adrian neu benannt werden. Bei der Namensgebung konnte sich der Magistrat dann doch nicht vom Militär trennen: Im Oktober 1945 wurde aus dem deutschen Tirpitz ein österreichischer Radetzky, und so wohnte die Familie Fabjan

---

62 UBS, Rundschreiben Quaderaktion, 1947
63 Thomas Bernhard, Die Ursache, S. 144

samt Großeltern Freumbichler und unehelichem Bernhard in der Radetzkystraße 10. Bis 1955 wird B. mit den bekannten Unterbrechungen im Spital
und in der Lungenheilstätte hier wohnen. Auf der Karteikarte des Salzburger Wahl- und Einwohneramtes steht als Vorname Thomas-Milos, ein Über-
tragungsfehler seines zweiten Vornamens Nicolaas oder Niklas.

Aiglhof: ein Stadtteil, der in seinem Aussehen von heutigen Verhältnissen
weit entfernt liegt. „Großteils unverbaut" kann man den Zustand der vierziger und fünfziger Jahre umschreiben, Wiesen, Felder und Gärten umgeben Bauerngehöfte, die später der sogenannten Modernisierung weichen
müssen beziehungsweise in ein Ensemblekonglomerat von Neubauten ein-
gezwungen werden. Hier und dort eingestreut einige Villen, an den Haupt-
straßen auch hier und dort Wohn- und Geschäftshäuser aus der Zeit vor
Hitler und immer wieder Baracken und Notunterkünfte.

Salzburgs „Wiederaufbau" ist bis Ende der vierziger Jahre zum größten
Teil einer „Instandsetzung" gleichzusetzen. Es gibt zuwenig Bauarbeiter
und zuwenig Baumaterial. Bombengeschädigte Häuser werden soweit möglich zusammengeflickt, sonst bleiben sie als Ruinen stehen, einsturzgefähr-
dete Häuser werden abgerissen oder auch nicht. Noch jahrelang sind die
Spuren der Luftangriffe zu sehen. Die Ruine des einstmaligen Grand Hotels
Europe steht noch vier Jahre in den Frieden hinein, desgleichen wird das
zerstörte Kurhaus weder abgerissen noch instandgesetzt. Neubauten wie
das Grand Café Winkler auf dem Mönchsberg (Eröffnung August 1947) sind
die Ausnahme, die Schließung der zahlreichen Baulücken geschieht erst
durch den Bauboom der fünfziger Jahre. Noch im Sommer 1948 ist das
Kaiviertel eine Trümmerlandschaft, die als *Nationalpark für Bombenschä-
den* bezeichnet und mit *mexikanischen Pueblo-Wohnstätten*[64] verglichen
wird. Im November 1948 ist die Wiederrichtung der arg in Mitleidenschaft
gezogenen Andräkirche bis zur Dachgleiche gediehen, das Gebäude der
Handelskammer ist erst im Dezember 1949 wiederhergestellt.

Eine völlige Umgestaltung erlebt im Laufe der Nachkriegsjahrzehnte der
Stadtteil Lehen. Dort, wo heute sozialer Wohnbau dicht an dicht und hoch
an hoch dominiert ([. . .] *die Wiesen sind verbaut, Zehntausende wohnen jetzt
in grauen, geistlosen Betonklötzen auf den Grundstücken, über die ich tagtäglich in den Keller gegangen bin.*[65]), wo sozial ärmere Familien überreprä-sen-
tiert sind, wo heute auch der Anteil an Ausländern eine Rolle spielt, wo
Lehen heute als eine nicht unbedingt erstrebenswerte Wohngegend angesehen wird, dort gab es in den vierziger Jahren lediglich die verbaute
Ignaz-Harrer-Straße als Haupt- und Durchzugsstraße des Stadtteils, dort
gab es einige in der Zwischenkriegszeit und unter den Nazis erbaute Wohn-
siedlungen sowie zahlreiche Baracken, in denen während des Krieges Sol-

---

64 Salzburger Nachrichten 18. 9. 1948
65 Thomas Bernhard, Der Keller, München 1979, S. 92

daten und Kriegsgefange-
ne, nach dem Krieg Flüchtlinge und wohnungslose
Salzburger untergebracht
waren. Der Rest war unverbaut.

Von der Radetzkystraße
in Aiglhof über die Rudolf-
Biebl-Straße nach Lehen in
die Scherzhauserfeldsied-
lung, das ist seit April 1947
der Weg des inzwischen
16jährigen B. Die Schule,
das Humanistische Gymna-
sium, hat er abgebrochen
und statt dessen eine kauf-
männische Lehre in einer
Lebensmittelhandlung be-

*10 Rudolf-Biebl-Straße, Thomas Bernhards täglicher Weg in die Scherzhauser-
feldsiedlung; hier entstanden die ersten Nachkriegswohnbauten
(Foto: AStS)*

gonnen, weit draußen fast schon vor den Toren der Stadt bei Karl Podlaha,
Scherzhauserfeldsiedlung, Block N.

Bs. Weg führt durch die Eisenbahnunterführung (*oder über die Geleise, ich
hatte immer den verbotenen Weg gewählt, wenn ich Zeit dazu hatte*[66]), die
Rudolf-Biebl-Straße entlang bis zur sogenannten Lehener Post an der Kreuzung Rudolf-Biebl-Straße – Ignaz-Harrer-Straße und weiter am Sportplatz
vorbei durch eine diffuse Vorstadtlandschaft in die Scherzhauserfeldsiedlung.

„Zwischen der Stadt und der Scherzhauserfeldsiedlung waren, wie wenn die Stadt
Abstand davon haben wollte, ein Wiesen- und Feldergürtel, da und dort grob gezim-
merte Schweineställe, da und dort ein kleineres oder größeres Flüchtlingslager,
Behausungen von verkommenen Hundenarren und -närrinnen, Bretterbuden von
Huren und Säufern [. . .]"[67]

Hier liegen die Gemüsegärten der Bulgaren, der Davidoff, Kabaktschieff
usw., die bereits in der Zwischenkriegszeit zugewandert waren und zu
einer Salzburger Eigentümlichkeit geworden sind. Sie beliefern als Gärtner
und Marktstandler die Bewohner der Stadt mit Frischgemüse und Kräutern,
zu Bs. Lehrlingszeit bei Karl Podlaha ebenso wie in der Gegenwart (nunmehr schon in der 2. oder 3. Generation). B. geht oft an den notdürftigen
Gartenzäunen der bulgarischen Gärtner entlang, deren Arbeit er durch den
Zaun beobachten kann.

---

66 ebda., S. 74
67 ebda. S. 33

„Die Bulgaren hatten aus wenig Erde viel Gemüse und Obst herausholen können, und ihre Früchte waren immer die gelungensten, weil ihre Arbeit tatsächlich genauso wie eine Hand- und Kopfarbeit gewesen ist, und weil sie tatsächlich keine Mühe scheuten, und ihr ganzes Wesen auf nichts anderes als auf ihre von ihnen bearbeitete Erde gerichtet war. Ich war oft [. . .] in die Bulgarengärten hineingegangen und hatte mich mit den Bulgaren unterhalten, und jedesmal hatten meine Beobachtungen in ihrem Garten Früchte getragen."[68]

Während seiner fast zwei Jahre dauernden Tätigkeit in der Gemischtwarenhandlung und seines täglichen Weges von der Radetzkystraße zum Block N der Scherzhauserfeldsiedlung erlebt B. den Stadtteil Lehen von größeren Baumaßnahmen unversehrt. Erst 1949 beginnt auf den Wiesen und ehemaligen Barackenlagern der Wohnbau zu sprießen. Allgemeine Premiere und Spatenstichfeier für drei Wohnblöcke mit je 12 Eigentumswohnungen ist in der Rudolf-Biebl-Straße am 3. September 1949. Für eine dortige 3-Zimmer-Wohnung sind Eigenmittel in der Höhe von 25.000 Schilling auf den Tisch zu legen, die darauffolgende Darlehensrückzahlung beträgt 2.000 Schilling im Jahr. 1949 im Bau bzw. geplant sind in der Rudolf-Biebl-Straße mehrere Wohnblöcke mit weiteren 200 Wohnungen, die mit einem Wohnzimmer, einer Kochnische, einem Schlafzimmer, einem Vorraum, einer Speis sowie einem Baderaum mit Brause, Waschbecken und WC ausgestattet sind.

Die Verbauung von Lehen-Liefering wird im selben Jahr auch in der Bessarabierstraße mit 98 Kleinwohnungen, in der Christian-Doppler-Straße mit 24 und in der Haspingerstraße mit 9 Wohnungen in Angriff genommen. Auch anderswo, in Itzling, Schallmoos und an der Alpenstraße wird 1949 mit dem Wohnungsbau begonnen. Teilweise, wie die Siedlung Herrnau an der Alpenstraße, 1949 mitten auf der grünen Wiese errichtet und *jetzt mit dem Autobus, später mit der neuzuerrichtenden Obuslinie zu erreichen*[69], ist die Architektur noch ganz Vorbildern der NS-Zeit und Heimatschutzbewegung verpflichtet. Die große Zeit der baulichen Veränderungen sowohl in der Altstadt als auch an der Peripherie von Salzburg beginnt erst jetzt und mit Anfang der fünfziger Jahre.

Im Zeichen des anwachsenden Automobilverkehrs in einer schöner und neuer werdenden Welt steht die feierliche Eröffnung der Esso-Tankstelle am Dr.-Franz-Rehrl-Platz im August 1949. Als Ehrengäste finden sich ein: der Finanzminister, der Landeshauptmann und sein Stellvertreter, der Bürgermeister, der Landesverkehrsdirektor, der Polizeidirektor, des weiteren ein Landesrat, ein Sektionschef, ein Bezirkshauptmann, ein US-General und natürlich der Generaldirektor von Esso-Österreich, insgesamt eine Agglomeration von Honoratioren, die heute dem Ruf einer Tankstelleneinweihung wahrscheinlich nicht mehr folgen würden.

68 ebda. S. 73/74
69 Salzburger Nachrichten 16. 5. 1949

2.4. Am Rande der Stadt

„Im Grunde wollte ich, da hab' ich g'schwankt, ein G'schäft aufmachen, also ein Lebensmittelgeschäft oder irgendwas."[70]

Fast zwei Jahre wandert B. nun an den Arbeitstagen hinaus in die Scherzhauserfeldsiedlung in das Lebensmittelgeschäft des Karl Podlaha, als dessen Lehrling und Gehilfe er tätig ist. Eine einprägsame Zeit in einer für B. gänzlich neuen Welt, war doch die Scherzhauserfeldsiedlung eine Welt für sich, eine laute Welt der Säufer, Hoffnungslosen und Aufgegebenen.

„Die Salzburger Gesellschaft betrachtete insgesamt die Bewohner der Scherzhauserfeldsiedlung als die Bewohner eines Aussätzigenlagers, wie die Bewohner selbst, als ein Straflager, wie die Bewohner selbst, als ein Todesurteil, wie die Bewohner selbst."[71]

B. lernt die Sprache, die in der Scherzhauserfeldsiedlung gesprochen wird, die eine ganz andere als jene von zu Hause war, kennen; eine intensivere, deutlichere Sprache, die B. auch bald beherrscht, weil er in der Lage war, die Gedanken der Bewohner zu denken.

Was war die Scherzhauserfeldsiedlung, die einen so schlechten Ruf besaß, wo die Salzburger hinter jeder Wohnungstür zumindest einen Kriminellen vermuteten, die für B. *der tagtägliche fürchterliche Schönheitsfehler in dieser Stadt*[72] war, die zu Beginn der siebziger Jahre zur Hälfte demoliert wird?

Der erste Teil der Siedlung entstand in den Jahren 1928/29, hart an der damaligen Stadtgrenze zu den Nachbargemeinden Itzling und Maxglan. Auf einem Grundstück, das der Stadt gehörte, errichtete man zunächst neun langgestreckte, einstöckige Häuser mit Gemüsegärten und gemeinsamem Waschhaus. Die Häuser erhielten keine Straßenbezeichnungen, sondern wurden von A bis I durchnumeriert. Zwei Jahre darauf entstand die mäanderförmig angelegte Häusergruppe N bis U. Als letzte wurden im Jahr 1939 die Blocks K, L, und M gebaut. Damit hatte die Scherzhauserfeldsiedlung ihr größtes Ausmaß erreicht. Untergebracht wurden in diesen als „Fürsorgebauten" bezeichneten Häusern sozial schwache Familien, Hilfsarbeiter, Schichtarbeiter, „kleine Angestellte". Die einzelnen Wohnungen boten ein Bild der Gleichförmigkeit: 2-Zimmer-Wohnungen mit 40 m², Zimmer-Küche-Wohnungen mit 30 m² Fläche. Lange Zeit gab es nicht einmal eine direkte Straße zur Siedlung.

70 Kurt Hofmann, Aus Gesprächen mit Thomas Bernhard. München 1991, S. 43
71 Thomas Bernhard, Der Keller, S. 42
72 ebda., S. 30

In der isoliert stehenden Siedlung leben zur Lehrlingszeit von B. etwa
1.200 Menschen. Nur selten ist die Scherzhauserfeldsiedlung im öffentlichen Leben eine Erwähnung wert, vielmehr wird sie, so gut es geht, totge-
schwiegen. Sogar der städtische Spritzenwagen, der auf den damals selten
asphaltierten oder gepflasterten Straßen der Stadt der Staubplage Einhalt
gebieten soll, dreht genau vor der Scherzhauserfeldsiedlung um und über-
läßt die Einwohner ihrem Staubschicksal. *Die Bewohner dieser Gegend wurden seit jeher arg vernachlässigt*[73] heißt es in einem in den „Salzburger
Nachrichten" 1946 veröffentlichten Leserbrief, in dem ein Scherzhausener
im Namen der Siedlungsbewohner den Spritzenwagen herbeibittet: *Sie bit-
ten den Herrn Bürgermeister um Abhilfe und sind überzeugt, daß er ihnen
diese auch gewähren wird.*[74]

B. nennt die Siedlung das *Salzburger Schreckensviertel*[75], *Lieferantin des
salzburgischen Gerichtsfutters, [. . .] unerschöpfliche Quelle für die österreichischen Zuchthäuser und Strafanstalten.*[76] Die sozialen Mißstände sind Weg-
begleiter für Alkoholismus, Schlägereien, Totschlag, Selbstmord, Diebstahl
und Betrug. Für B. ist die Siedlung die „Vorhölle".

In dieser Umgebung werkt Lebensmittelhändler Karl Podlaha, sein Geschäft ist in einer ehemaligen Werkstätte im Keller des Blocks N untergebracht. *Der Keller,* das Geschäft, ist Bs. Arbeitsstätte, bevorzugter Treffpunkt
der Scherzhausener, egal, ob sie nun einkaufen oder nicht, Einkaufspara-
dies für jene, die anschreiben lassen, ein Ort, das Milieu zu studieren.
„Gemischtwaren- und Lebensmittelhändler" sind in den Nachkriegsjahren
mit anderen Tätigkeiten konfrontiert als in der Gegenwart, und damit ist
nicht nur die Verwaltung der Lebensmittelmarken gemeint. Viele Lebensmittel werden en gros und unpaketiert geliefert, die Kühlung erfolgt in
Eiskästen, die durch lange Frischeisblöcke gekühlt werden, alles muß auf
wenigen Quadratmetern verstaut werden. B. schreibt vom

„[. . .] Säckeschleppen und Flascheneinfüllen und Erdäpfelklauben und Obst- und
Gemüsesortieren und Kaffee- und Teeabpacken und Butter- und Käseschneiden,
ganz abgesehen von den Kunststücken, die das Einfüllen von Essig und Öl und von
allen möglichen anderen Säften und von Rum und offenen Weinen und Mosten in alle
möglichen, immer viel zu dünnen Flaschenhälse bedeutete, von dem fortwährenden
Auf-der-Hut-Sein vor Schimmel und Fäulnis, vor Ungeziefer und vor zu großer Kälte
und zu großer Wärme."[77]

Neben Karl Podlaha bieten fünf weitere Gemischtwarenhändler in der
Scherzhauserfeldsiedlung ihre Dienste an: Martin Höck und Josefine

---

73 Salzburger Nachrichten 11. 6. 1946
74 ebda.
75 Thomas Bernhard, Der Keller, S. 27
76 ebda., S. 32
77 ebda., S. 69

Schachner in Block A, Karoline Kaltenbrunner in Block E, Marianne Fischer in Block P und Johanna Ammer in Block S. Die Dichte an Greißlern in der Scherzhauserfeldsiedlung entspricht jener in der Stadt Salzburg: In Summe gibt es 1948 in Salzburg 335 Gemischtwaren- und Lebensmittelhandlungen, dazu kommen noch extra 146 Obst-, Gemüse-, Südfrüchte- und Viktualien-händler und 18 Delikatessenhandlungen. Im selbem Jahr gibt es in Salzburg unter anderem noch 10 Bürstenhandlungen, 8 Korbflechter, 9 Tanzschulen, 11 Schädlingsbekämpfer, 3 Holzschuherzeuger, 76 Dienstmänner und 3 Sippenforscher.

Als es B. Jahrzehnte später einmal in die Scherzhauserfeldsiedlung zieht, ist das Geschäft zu. Er sieht ein verrostetes Scherengitter, abgesperrte Türen und die Geschäftseinrichtung von damals, wenn auch unvorstellbar verschmutzt.

„Der Podlaha hatte es, so dachte ich dastehend und in dem Gedanken, ob ich beobachtet bin oder nicht, eines Tages aufgegeben, wahrscheinlich, weil es für ihn keinen Sinn mehr hatte. Eine Reihe von Großmärkten hat sich in der Zwischenzeit ganz in der Nähe etabliert, sogenannte Supermärkte sind aus dem Lehener Boden gewachsen [. . .]"[78]

Außer den Bewohnern der Scherzhauserfeldsiedlung gibt es noch andere Menschen im Elend. Dort, wo jetzt Zehntausende *in grauen, geistlosen Betonklötzen*[79] wohnen, hausen in den vierziger Jahren Tausende Men-schen in trostlosen Barackensiedlungen, die die Stadt umgürten, in ehema-ligen Kasernen und winzigen, geschwind errichteten Behelfsheimen. Im Gegensatz zu den Bewohnern der Scherzhauserfeldsiedlung mögen die Menschen der Baracken und Kasernenlager noch die Hoffnung gehabt haben, ihrem Elend noch einmal zu entrinnen. Es sind Flüchtlinge aus aller Herren Länder. Im Juli 1945 waren bei einer Bevölkerungszahl von zirka 80.000 zusätzlich mehr als 66.000 Flüchtlinge gezählt worden: ehemals kriegsgefangene Polen, Serben, Ukrainer, Franzosen etc. ebenso wie die Bombenevakuierten aus Westfalen und Wien, die vor der anrückenden Front geflüchteten Wiener, Niederösterreicher und Volksdeutschen aus Un-garn und Rumänien, Ostarbeiter, Militärinternierte, Südtiroler, mit dem Deutschen Reich verbündete Kosaken, Ungarn, weiters Kollaborateure aller Nationalitäten und deutsche Truppenreste.

Die Sofortrückkehr eines großen Teiles der in der Stadt gestrandeten Menschen wird eingeleitet. Bis Mitte 1946 wird die Hälfte freiwillig oder zwangsweise aus Salzburg abtransportiert. In den Heimkehrerzügen sitzen hauptsächlich ausgewiesene Deutsche sowie ehemalige Kriegsgefangene und Militärinternierte, die in ihre Heimat zurückgebracht werden. Auf diese

---

78 ebda., S. 91
79 ebda., S. 92

Weise verringert sich die Zahl der Flüchtlinge auf etwa 36.000 im Jahr 1946.

Bei anderen Gruppen verläuft der Rücktransport weniger zügig beziehungsweise findet überhaupt keiner statt. Ukrainer, Russen, Volksdeutsche, Südtiroler und Ungarn sehen, jeweils aus unterschiedlichen Gründen, wenig oder keine Möglichkeiten auf Heimkehr.

TABELLE 3: Ausländer, Flüchtlinge und DP in der Stadt Salzburg 1946

Deutschland	2.710
Jugoslawien	842
Polen	1.360
Polnische Ukraine	3.692
Rußland	3.461
Russische Ukraine	590
Südtirol	1.325
Ungarn	604
Juden	6.231
Staatenlose	959
Volksdeutsche	7.983
andere	6.326
Summe	36.083

Quelle: Statistisches Jahrbuch der Stadt Salzburg 1951

Bis 1948 verringert sich die Zahl nur unwesentlich auf knapp 29.000 Personen, erst dann erfolgt ein entscheidender Knick nach unten: 1949 sind noch 21.000 Personen als Ausländer und Flüchtlinge eingestuft, 1951 nur mehr 18.000.

Flüchtling ist aber nicht gleich Flüchtling, die Einteilung erfolgt, grob gesprochen, in Sieger und Besiegte. Da gibt es zunächst die sogenannten DPs, „Displaced Persons". Diese in der Übersetzung als „versetzte Personen" bezeichnete Gruppe setzt sich anfangs aus allen geflüchteten oder deportierten Angehörigen der alliierten Nationen sowie aus NS-Opfer nicht-alliierter Nationen zusammen. Aufgrund dieser Definition erhalten etwa Volksdeutsche oder Ungarn und Rumänen keinen DP-Status zuerkannt, ausgenommen sie können sich als Opfer des Nationalsozialismus ausweisen. Einen Sonderfall bilden jene osteuropäischen Juden, die den Todesfabriken entronnen waren und nun über Österreich nach Palästina zu gelangen suchen. Sie machen in Salzburg Zwischenstation, im Lager „Neu Palästina" in Salzburg-Parsch, in der Riedenburgkaserne und in dem zum Flüchtlingslager umfunktionierten Kloster und Bräustübl in Salzburg-Mülln.

Für die DP-Lager in Salzburg ist zunächst neben der US-Besatzungsmacht die UNRRA (United Nations Relief and Rehabilitations Administration), ab Juli 1947 die IRO (International Refugee Organisation) zuständig. Für die österreichische Exekutive sind die DP-Lager exterritoriale Zonen, zu denen sie keinen Zutritt hat. Trotzdem muß Österreich für die laufenden Kosten aufkommen. Erst 1948/49 werden alle DP-Lager der österreichischen Verwaltung übergeben. Ganz anders die Flüchtlingslager der Volksdeutschen, die von Anbeginn unter österreichischer Verwaltung stehen.

Salzburg, die Barackenstadt. Im Oktober 1946 vermeldet die Statistik 2 Kasernen und 14 Barackenlager, in denen 11.098 Personen untergebracht waren.

TABELLE 4: Kasernen und Lager im Oktober 1946

Itzling	677 Personen
Neu Palästina	450
Lexenfeld	1.161
Lexenfeld-Annex	288
Parsch	2.083
Volksgarten	265
Glasenbach	980
Receptionscenter	280
Bergheim	391
Laboursupervision	250
Rosittenkaserne	420
Laschenskyhof	193
Schwaben	145
Maria Sorg	125
Hotel Europe	266
Hospital	125
Kajetanerplatz	183
Hellbrunnerkaserne	1.740
Lehenerkaserne	1.201

Quelle: AStS, Amt für Statistik

Es entwickelt sich ein eigenständiges Lagerleben mit Bildungs- und Kultureinrichtungen. 1945/46 gibt es für die polnischen Kinder des Lagers Hellbrunnerkaserne eine Volks- und Mittelschule, weiters Handwerksbetriebe, eine Bücherei, eine Zeitung, sogar eine Radiostation. In der Hellbrunnerkaserne wohnt unter anderen mehrere Jahre lang die Hofdame der letzten Zarin. In einem ukrainischen DP-Lager wird im Oktober 1945 ein ukrainisches Privat-Realgymnasium eröffnet, das vom Unterrichtsministerium anerkannt wird.

Im allgemeinen sind die Lebensumstände der fremdsprachigen DPs in den Lagern jedoch mehr als trist. Viele der Gestrandeten können nicht mehr in die Heimat zurück, sei es aus politischen oder ethnischen oder beiden Gründen. Die einzige Hoffnung, die dann bleibt, ist jene auf Auswanderung nach Übersee. Bis dahin hieß es warten, in einer Umgebung, die den DPs unfreundlich bis feindselig gegenüberstand.

Die Salzburger mögen die DPs nicht. Sie treffen alle Vorurteile, mit denen man außenstehende Fremde belegen kann: privilegiert, arbeitsscheu, einen Hang zur Flasche, kriminell. Die Anwesenheit von mehreren Tausend Personen vornehmlich aus Osteuropa, von denen ein Teil keiner oder einer zweifelhaften Tätigkeit nachgeht, Personen, die bis 1948/49 für die österreichische Exekutive, Justiz und Verwaltung nicht greifbar sind, da sie direkt dem Mandat der Besatzungsmacht unterstanden und dadurch unter anderem auch eine gesicherte Versorgung in den Lagern hatten, schaffen im dahindarbenden Salzburg der Nachkriegszeit einen ausgezeichneten Boden für Neid und Mißgunst. „Fremdenfeindlichkeit" ist der heutige Begriff.

Auf Russen, Ukrainer und Serben, also die Feinde des Krieges, hat man ein besonderes Auge. Ihnen wird der Hauptanteil der Kriminalität in der Stadt im Bereich Schwarzhandel, Diebstahl, Raub und Körperverletzung in die Schuhe geschoben. Als „Outlaws" der Gesellschaft ist zumindest bei einem Teil der DPs die Anfälligkeit vorhanden, ins Kriminal abzugleiten. Gewaltakte im alkoholisierten Zustand untereinander und gegenüber Salzburgern werden als „typisch" angesehen.

Völlig verständnislos und abwehrend steht man den Juden gegenüber, zumeist ehemalige Insassen von Konzentrationslagern, die weiter nach Palästina wollen. Die Tatsache, daß die Lager der Juden der amerikanischen Militärregierung unterstellt sind und durch amerikanische Hilfsorganisationen zusätzliche unterstützt werden, bringt den Juden den Vorwurf ein, auf Kosten der Salzburger „fett zu werden". Wie alle DPs spielen auch die Juden eine wichtige Rolle im Salzburger Nachkriegsschwarzmarkt, was alte Klischees von der „jüdischen Krämerseele" wachruft. Große Aufregung herrscht im Februar 1947, nachdem ein Obusschaffner nach einem Streit einen Juden aus dem Obus gewiesen hat, dieser daraufhin Verstärkung aus dem Lager Riedenburg holt, zirka 200 Juden den Obus aufhalten, den Anhänger abkuppeln und einen Obusrevisor verschleppen. Eine Gerichtsverhandlung bringt nichts wesentliches zutage, die Verkehrsbetriebe reagieren auf diesen Vorfall mit einer Verlegung der Obushaltestelle.

Der damalige Landeshauptmann Hochleitner versucht im März 1947, das Verhältnis zwischen DPs und Einheimischen zu entspannen. Hochleitner spricht davon, daß die Bevölkerung wohl verlangen könne, daß sich die DPs den gesellschaftlichen Sitten des Gastlandes anpassen und eingliedern. Auf der anderen Seite stellt der Landeshauptmann fest, daß entgegen der allgemeinen Meinung, kein einziger DP ginge einer Arbeit nach, auf dem Arbeitsmarkt eine fühlbare Lücke eintreten würde, würden plötzlich alle DPs von ihrem Arbeitsplatz abgezogen. Außerdem richtet der Landeshauptmann an die Presse den Appell, in völlig objektiver Weise zu dem Problem Stellung zu nehmen.

„Die Luft um die DPs ist dick von Ärger. Die einen ärgern sich, daß sie überhaupt da sind, die anderen über die Scherereien, die manche von ihnen der Mitwelt bereiten, und die DPs selbst, unter denen es ja auch viele anständige, brauchbare und fleißige Menschen gibt, über ihr trauriges Los und darüber, daß andere sich über sie ärgern. Nun möchten aber die meisten D.P. durchaus nicht ewig und immer hier bleiben, auch sie wollen fort und anderswo eine ruhige, stabile Bleibe und ein neues Dasein mit Rechten neben den Pflichten zu finden."[80]

So weit, so schön! Mit Beginn des Jahres 1948 befinden sich in der Stadt Salzburg zirka 10.000 fremdsprachige DPs, 4.500 Juden auf dem Weg nach Palästina, 9.000 geflüchtete bzw. vertriebene Volksdeutsche und 1.300 Südtiroler, insgesamt über 32.000 „Fremde" aus 43 Nationen. Während Volksdeutsche und Südtiroler günstigere Chancen für eine Integration besitzen, ist das Hauptziel der

11/12 *Barackendörfer prägen das Bild der Festspielstadt bis in die späten fünfziger Jahre (Fotos: AStS)*

DPs die Auswanderung nach Übersee. In den Jahren 1948 bis 1950 können nach teilweise erheblichen Schwierigkeiten ein Großteil der DPs auswandern. 1951 ist die Hälfte der 10.000 fremdsprachigen DPs von 1948 außer Landes. Die Einwanderungsländer mit den größten Quoten für DPs aus Österreich sind die USA, Kanada und Australien.

Die Hürden sind hoch, die bis zur Aufnahme in ein Drittland überwunden werden müssen. England nimmt keine Russen, Kanada nur Männer, Australien lehnt Rumänen, Griechen, Bulgaren und Russen ab, nimmt aber Weißrussen, währenddessen Ungarn oder Polen wiederum nur als kinderlose Ehepaare einwandern dürfen. Männer über 50 werden nirgends mehr

80 Salzburger Nachrichten 7. 2. 1948

genommen, Akademiker müssen ihren Beruf verheimlichen und schwielige
Hände vorzeigen, Facharbeiter stehen am höchsten im Kurs.

Hat der DP und seine Familie alle Hürden einschließlich der medizinischen Untersuchung überwunden, muß er noch vor der sogenannten kon-
sularischen Auswahlkommission bestehen. Diese Kommissionsbegutach-
tungen finden in Salzburg in der Lehenerkaserne statt, dort wo heute das 2.
Bundesgymnasium untergebracht ist.

„Die Auswahlkommission hatte ihr Eintreffen angekündigt, die DPs werden vorgela-
den, die kalten Gänge der Lehener Kaserne sind belagert von Männern, Frauen und
Kindern bis zum 6 Monate alten Säugling. Stunden vergehen. Plötzlich verlautet, die
Kommission habe ihr Eintreffen verschoben, um Stunden oder gar um Tage! Manchmal ist sie auch pünktlich und beginnt die Auswahlarbeit nach den von ihrer Regie-
rung erlassenen strengen Vorschriften. Da das Tempo dieser Tätigkeit nie vorauszu-
sehen ist, kann es dem DP passieren, daß er Tage lang wartet, bangend, ob er wohl
genommen werde, und vielleicht, um seinen vernachlässigten Arbeitsplatz zit-
ternd.“[81]

Das DP-Einwanderungsprogramm der Vereinigten Staaten läuft bis zum
31. Dezember 1951. Buchstäblich bis zur letzten Minute versuchen die Menschen, ein US-Visum zu erhalten. Noch drei Stunden vor Jahreswechsel
kommen DP-Familien am Salzburger Hauptbahnhof an, in der Hoffnung,
vielleicht doch noch einen Passierschein in die Neue Welt zu bekommen.
Doch um Mitternacht MEZ ist auch in der Lehenerkaserne „time limit“.

„Schon fehlten nur noch wenige Sekunden bis zur Mitternachtsstunde, man hob die
Gläser und rief sich ein ‚Prosit Neujahr!‘ zu, als die Glocken der Kirchen Salzburgs
das Jahr 1952 einläuteten. Vor den Türen des Visa Office aber saßen etwa 70 ent-
täuschte Menschen, die das Rennen verloren hatten.“[82]

Weitergeführt dagegen wird das Einwanderungsprogramm für Volksdeutsche. *Schicksale am Hauptbahnhof* nennt B. einen seiner ersten Hinter-
grundbeiträge für die Tageszeitung „Demokratisches Volksblatt“[83], in dem
er über Auswanderer vor ihrer Abfahrt ins „gelobte Land“ berichtet.

„Die Hoffnung auf das gelobte Land. ‚Drüben‘ wird es ganz anders sein, denken sie.
Sie haben schon sehr viel gehört von USA und Kanada. Man hat ihnen viel verspro-
chen. [. . .] Es sind Banater, Bessarabier und Volksdeutsche aus allen osteuropäischen
Ländern.“[84]

---

81 Salzburger Nachrichten 27. 4. 1949
82 Salzburger Nachrichten 9. 1. 1952
83 Th. B., Schicksale am Hauptbahnhof. In: Demokratisches Volksblatt 10. 3. 1952
84 ebda.

B. kennt die Menschen und ihre Barackendörfer. Sein überhaupt erster journalistischer Beitrag für das „Demokratische Volksblatt" befaßt sich mit der Problematik der Flüchtlinge in der Stadt Salzburg und erscheint gerade zwei Tage nach dem Artikel über den Einwanderungsstopp in die USA am 11. Jänner 1952.

„Da ist ein Flüchtlingslager gewesen in der – Rosittenkaserne hat's g'heißen, so ein Barackenlager, ich sollte dort hingehen und was drüber schreiben. Naja, ich bin dort hingegangen und hab' dann auf der Maschin' was g'schrieben."[85]

Das Lager Rosittenkaserne in Salzburg-Leopoldskron ist eines der größeren Barackendörfer, die in Salzburg bestehen. „Menschen ohne Heimat" betitelt B. seinen ersten Zeitungsbeitrag und schreibt von notdürftig mit Pappe abgedichteten Fenstern, von Abzugsrohren, die aus den Fenstern ragen, von zwölfköpfigen Familien, die in ein oder zwei Zimmern wohnen, von Mobiliar, das aus Kisten und Brettern selbst gezimmert wurde. Kein fließendes Wasser, kein Gas, keine elektrischen Öfen, kein blanker Fußboden. Dafür eine fröhliche Kinderschar, die B., den Ortsfremden, umringt.

„[...] beim Anblick der schwarzen und grauen Lammfellkappen gelangt man rasch zu der Gewißheit, daß diese Neun- und Zehnjährigen aus aller Herren Länder stammen. Der eine kam aus Szegedin, zu Fuß und auf deutschen Militärwagen nach Salzburg, der andere mit seinen sechs Geschwistern aus Großwardein, der dritte aus der Gegend von Warschau und ein etwa zehnjähriges Mädchen erzählt von der abenteuerlichen Flucht aus Kiew."[86]

Angesichts der tristen Situation und gleichzeitig der Hoffnung, die die Menschen hier immer noch besitzen, kommt B. zu dem Schluß:

„Wer die Heimat nicht mehr hat und auch keine Aussicht, sie wieder einmal zu besitzen, aber trotzdem glaubt, der muß ein starker Mensch sein."[87]

Während die Programme der großen Einwanderungsländer eine spürbare Entlastung bedeuten, ist den sogenannten Repatriierungen von DPs in ihre Heimatländer weit weniger Erfolg beschieden. Ganze 5.667 DPs lassen sich dazu bewegen, Österreich zu verlassen und freiwillig zurückzukehren. Auch der Aufruf von General Keyes vom April 1947 an die polnischen und jugoslawischen DPs, in ihre Heimat zurückzukehren, hat nicht die erwünschte Wirkung. Von den russischen DPs gehen überhaupt nur 383 zurück.

---

85 Kurt Hofmann, Aus Gesprächen mit Thomas Bernhard, S. 42
86 Th. B., Menschen ohne Heimat. In: Demokratisches Volksblatt 11. 1. 1952
87 ebda.

Die sowjetische Repatriierungskommission für Salzburg residiert im Kasererhof am Beginn der Alpenstraße. Auch ihr Erfolg ist äußerst bescheiden. Nicht ohne Häme berichten die „Salzburger Nachrichten" im Juni 1951 über die Tätigkeit der Kommission:

„Wie wir erfahren, konnte die sowjetische Repatriierungskommission in den Jahren ihrer Tätigkeit in Salzburg insgesamt nur 106 (in Worten: einhundertsechs) russische DP's zur Rückkehr in das Paradies der Arbeiter bewegen."[88]

Und dennoch: 1953 gibt es noch immer 1.300 Baracken, in denen über 10.000 Menschen wohnen müssen.

2.5. Im Landeskrankenhaus

Die Nazis hatten zu ihrer Zeit das alte St. Johanns-Spital in „Landeskrankenhaus" umbenannt, eine Bezeichnung, die es auch nach 1945 hartnäckig beibehält. Das zentrale Hospital der Stadt und des Bundeslandes an der Müllner Hauptstraße ist bis in die erste Nachkriegszeit im wesentlichen jener Barockbau, der in den Jahren 1695 bis 1704 von Baumeister Johann Bernhard Fischer von Erlach geplant und ausgeführt wurde: der linke Flügel als Männerabteilung, in der Mitte die Kirche, der rechte Flügel als Frauenabteilung, ursprünglich ausgelegt auf 120 Patienten.

Der bauliche Zustand liegt im argen. Fischer von Erlach habe zwar seinerzeit ein vorbildliches Krankenhaus gebaut, *aber das ist schon ein paar hundert Jahre her und man sieht es bereits dem abfallenden Verputz an, daß die Häuser vernachlässigt sind [. . .].*[89] Umgeben ist der Komplex in der ersten Nachkriegszeit von mehreren Pavillons, Baracken und zwei hölzernen Liegehallen, die allesamt nach der Jahrhundertwende, zumeist während des 1. und dann des 2. Weltkriegs entstanden sind. 1947 wird die Dermatologische Abteilung, bisher in einer Baracke und im sogenannten Narrenturm untergebracht, neu gebaut; leider auf einem Grund, der während des Krieges mit altem Mobiliar aufgeschüttet wurde, sodaß das neue Haus bald zu sinken beginnt. Die Spitalszustände im allgemeinen und die medizinische Betreuung im speziellen entsprechen jener Zeit, Modernisierungen beginnen erst 1949/50. 1.200 Betten werden jährlich mit etwa 24.000 Patienten belegt.

Die Stamm-Abteilung des Spitals ist die „I. Medizinische", von der sämtliche Vorstände überliefert sind, von Dr. Johann Adam Lospichler (1697–1721) bis Dr. Hermann Schnetz, der seit 5. April 1945 als Primar der I. Me-

---

88 Salzburger Nachrichten 11. 6. 1951
89 Berichte und Informationen 13. 1. 1950

dizinischen tätig ist. Die altehrwürdige Abteilung befindet sich im 2. Stock beider Trakte links und rechts der Spitalskirche. Alle Räume werden noch mit Öfen beheizt, die Hausmädchen müssen im Winter in aller Frühe die Kohle aus dem Keller hinauftragen und einheizen. In den Zimmern stehen bis zu 30 Betten und es gibt kein Fließwasser. Im Winter, wenn der Patientenbelag besonders hoch ist, müssen viele der Kranken auf Tragbahren in den Gängen liegen.

In diese I. Medizinische wird im Jänner 1949 B. mit einer feuchten Rippenfellentzündung eingeliefert, Folge einer nicht ausgeheilten Erkältung.

„Die Erkältung, die ich mir beim Abladen von mehreren Zentnern Kartoffeln im Schneetreiben auf dem Lastwagen vor dem Magazin der Lebensmittelhandlung des Podlaha zugezogen und die ich viele Monate ganz einfach ignoriert hatte, war jetzt nichts anderes als eine schwere sogenannte *nasse Rippenfellentzündung* gewesen [. . .]"[90]

Die Erkrankung ist lebensgefährlich, B. werden nur geringe Überlebenschancen eingeräumt. Die Flüssigkeit, die sich innerhalb des Brustfellraumes bildet, wird ihm mittels Punktion aus dem Brustkorb abgelassen. B. liegt in einem 26-Betten-Raum mit alten, kranken, todgeweihten Männern im Barocktrakt des Spitals unter einem Gewölbe. In den nächsten Wochen erlebt er seine Station und das sogenannte Sterbezimmer, in dem er sich befindet, als *nichts anderes als eine pausenlos und intensiv und rücksichtslos arbeitende Todesproduktionsstätte, die ununterbrochen neuen Rohstoff zugewiesen bekommen und verarbeitet hat.*[91] B. verinnerlicht den von den etwa 300 Barmherzigen Schwestern des Hl. Vinzenz von Paul, den Vinzentinerinnen (*exakt funktionierende Krankenversorgungsmaschinen im Vinzentinerinnenkittel*[92]), organisierten Tagesablauf, der um 3.30 Uhr mit dem Fiebermessen beginnt. Mit dem Primar Dr. Hermann Schnetz kommt B. nicht ins Gespräch, *mit mir hatte der Primarius überhaupt nicht sprechen können und sich mit mir auch nicht ein einziges Mal unterhalten.*[93]

B. überlebt die Station. Kurz nach seiner Entlassung aus dem Spital wird er in eine Dependance der II. Medizinischen Abteilung ins nahe Großgmain verlegt. Die dringend notwendigen Neuadaptierungen, die 1949/50 erfolgen, erlebt B. nicht mehr am eigenen Leib: Die Männerstation übersiedelt in den 1. Stock des Osttraktes, die Öfen werden durch eine Zentralheizung ersetzt, Warm- und Kaltwasser werden installiert, außerdem zwei Aufzüge eingebaut.

B. kommt im März 1949 in das ehemalige Hotel Vötterl in Großgmain, im Krieg Reservelazarett, seit 1946 Aufenthaltsort für Tbc-Patienten. Hier er-

---

90 Thomas Bernhard, Der Atem. Eine Entscheidung. München 1981, S. 9
91 ebda., S. 28
92 ebda., S. 52
93 ebda., S. 55

krankt B. an Lungentuberkulose, eine Krankheit, die zu jener Zeit auch in
Salzburg verbreitet ist und für die nur eine unzureichende medizinische
Versorgung zur Verfügung steht. 1949 sterben in der Stadt 34 Menschen an
Lungen-Tbc, 161 an Lungenentzündung. Pro Jahr gibt es 100 bis 200 Neu-
erkrankungen. In der Stadt mit ihren 100.000 Einwohnern, ärgert sich die
„ärztliche Seite" 1949, stünden keine zwanzig Betten für Tuberkulosekran-
ke bereit und behandlungsbedürftige Kranke müßten aus Platzmangel abgewiesen werden.[94] Im Spitalsbereich selbst steht eine hölzerne Liegehalle
aus dem 1. Weltkrieg zur Verfügung, in Salzburg-Parsch ein Sanatoriums-
bau, in Großgmain das „Vötterl", in Oberndorf das Notspital in der Hauptschule und im Pongau die Lungenheilstätte Grafenhof. Im Juli erhält B.
1949 *einen sogenannten Einweisungsschein in die Lungenheilstätte Grafenhof
zugeschickt. Mit der an diesem Einweisungsschein gehefteten Fahrkarte hatte
ich meine Reise antreten können.*[95]

---

94 Salzburger Nachrichten 8. 3. 1949
95 Thomas Bernhard, Der Atem, S. 124

II. Die fünfziger Jahre – auch in Salzburg legendär?

1. Es geht aufwärts –
Von der Not zum bescheidenen Wohlstand

1.1. Lebensstandard – Lebensmuster

Der Kaufmann hat den Krämer abgelöst, neue Geschäfte schossen aus dem Boden, die alten beeilen sich, es ihnen gleich zu tun. Das kommerzielle Salzburg hat, eh man's versah, großstädtische Note gewonnen.[96] Für den Lokalredakteur der „Salzburger Nachrichten" und späteren ORF-Generalintendanten Gerd Bacher befindet sich Salzburg im Jahr 1950 auf einer Wanderung zwischen *Großstadtrhythmus und Kleinstadtmelodie.*[97]

Die unmittelbaren Folgen der Weltkriegskatastrophe sind überwunden, auf allen Gebieten des öffentlichen und privaten Lebens tritt jene Entwicklung ein, die mit den großen Schlagwörtern Wiederaufbau, Aufwärtsentwicklung, Normalisierung, Wirtschaftswachstum, Mobilität, Amerikanisierung und Konsumgesellschaft umrissen wird. Vor allem der steigende Waren- und Dienstleistungskonsum ist ein typisches Merkmal der Zeit. Immer neue Gastromiebetriebe hoffen auf immer neues Publikum, der zunehmende Kraftfahrzeugverkehr erfordert die Installation von sogenannten Lichtsignalanlagen, vulgo Ampeln, die von früher mit ihren Armen rudernden und wachelnden Verkehrspolizisten nun von einem Bedienungshäuschen am Kreuzungsrand geschaltet werden. Nach der bereits Ende der vierziger Jahre über Salzburg hereingebrochen „Eßwelle" folgt nun die „Bekleidungswelle" und die „Möblierungswelle". Von den (rückblickend) legendären fünfziger Jahren wird auch Salzburg ein wenig angestrahlt, obwohl böse (kritische) Zungen 1950 behaupten, Salzburg sei eine Stadt, die elf Monate im Jahr schläft und deren geistiges Zentrum an der Müllner Peripherie liegt (womit das Müllner Bräustübl gemeint sein *kann*). Dem hält B. an anderer Stelle allerdings entgegen, *es ist nicht wahr, daß sich Salzburg nur aus dem Bräustübl nährt.*[98] Das in vielerlei Hinsicht grob gestrickte konservativ-nationale Mischmuster Salzburgs und seiner Bewohner, das weit in die siebziger Jahre heraufreicht, nennt B. den *menschenfeindlichen architektonisch-erzbischöflich-stumpfsinnig-nationalsozialistisch-katholischen Todesboden.*[99] 1951 leben in der Stadt Salzburg 103.000 Menschen. 40 Prozent der Berufstätigen sind Arbeiter, 35 Prozent werden als Angestellte geführt, 13 Prozent arbeiten in selbständigen Berufen.

In Salzburg hat man nie sehr gut gewohnt, resümmiert der Chefredakteur der SP-Zeitung „Demokratisches Volksblatt" in seinem Fremdenführerbuch

---

96 Salzburger Nachrichten 24. 12. 1950
97 ebda.
98 Thomas Bernhard, Salzburg wartet auf ein Theaterstück. In: Furche 3. 12. 1955
99 Thomas Bernhard, Die Ursache, S. 11

„Salzburg von A–Z", um anschließend unter dem Buchstaben G die Vorzüge der städtischen Gemeindebauten der frühen fünfziger Jahre zu preisen: *Am Stadtrand werden jedem die großen hellen Wohnblocks auffallen mit ihren Gärten und Rasenflächen, mit Spielplätzen für die Kinder. Sie sind das Werk des sozialen Wohnbaues.* Die Wohnungssituation bleibt trotz neuer Siedlungen an der Rudolf-Biebl-Straße, Siebenstädterstraße, Schießstattstraße in Lehen und an der Alpenstraße im Süden der Stadt weiterhin prekär. Von 1945 bis 1949 sind 1.250 Wohnungen errichtet worden, 1950 bis 1955 kommen gut 4.500 dazu. Im Jahr 1950 werden 579 Wohnungen fertiggestellt, dieser Zahl stehen etwa 10.000 Wohnungssuchende gegenüber. Bis Mitte der fünfziger Jahre wird das Heer der Wohnungssuchenden auf 15.000 anwachsen. Dazu kommen noch jeweils bis zu tausend anhängige Delogierungsfälle. Das heißt weiterhin Barackenelend, weiterhin Behelfsheime, weiterhin Überbelag von zu kleinen Wohnungen.

Fast die Hälfte aller Salzburger Wohnungen besteht 1950 entweder aus Zimmer-Küche oder gar nur aus einer Wohnschlafküche, 75 Prozent der Wohnungen haben nicht mehr als zwei Zimmer, von denen die meisten überbelegt sind. In 483 Kellerwohnungen leben 1.306 Menschen, *nasse und in höchstem Grade gesundheitswidrige Kellerlöcher, winzige Geviere, in denen bis zu zehn und mehr Erwachsene und Kinder hausen müssen,* prangert klassenbewußt das „Demokratische Volksblatt" an, um gleichzeitig auf noch armseligere Behausungen im Stadtgebiet hinzuweisen wie die *notdürftig und gefährlich unzulänglich adaptierten Ruinenwohnungen und Ersatzquartiere in Waggons und Bretterbuden [. . .].*[100] 1952 wird zur Linderung der Wohnungsnot von der Stadtverwaltung auf leerstehende Barakken zurückgegriffen, die bis zu ihrer Auswanderung von DPs und Flüchtlingen bewohnt wurden und die nun für Salzburger instandgesetzt werden.

Bei der Ausstattung mit Sanitäreinrichtungen sieht es ähnlich trist aus: 81 Prozent der Salzburger Wohnungen (97 Prozent der Kellerwohnungen) haben kein eigenes Badezimmer, 36 Prozent verfügen über keinen Wasseranschluß, bei einem Viertel der Wohnstätten teilen sich die Bewohner ein Gemeinschaftsklosett auf dem Gang. Dementsprechend frequentiert sind die vier städtischen Wannen- und Brausebäder, in denen jährlich zwischen 75.000 und 85.000 Besucher eine Körperreinigung vornehmen. Die fehlenden Badezimmer sind nur zum Teil auf den Wohnungsaltbestand zurückzuführen. Noch 1952 wird mehr als ein Drittel der Neuwohnungen ohne Bad errichtet.

Zu dieser Zeit sind von den Amerikanern noch Hunderte Privatwohnungen für ihre Zwecke beschlagnahmt. 1950 wird daher für US-Armee-Angehörige mit dem Bau einer Siedlung mit 272 Wohnungen begonnen, deren

---

100 Demokratisches Volksblatt 26. 5. 1952

Ausstattung jene der Salzburger Wohnhäuser bei weitem übertrifft. Dadurch kommt es immerhin zu einer leichten Besserung der Wohnsituation, wie dann noch ein zweites Mal 1955, als mit dem Abzug der Besatzungsmächte die US-Siedlung an der General-Keyes-Straße von Österreich übernommen wird.

Unabhängig von der drückenden Wohnungsnot propagieren Einrichtungshäuser und Möbeltischler eine zeitgemäße Möblierung der (zumeist) Zimmer-Küche-Wohnungen. Mit Sätzen wie *Die Wohnung eines Angestellten oder Arbeiters besteht nicht aus Paradezimmern, einem Salon oder Herrenzimmer*[101] versucht man gleich von vornherein allzu hochgeschraubten Wünschen entgegenzutreten, was aber nicht heißt, daß man sein kleines Heim nicht geschmackvoll möblieren kann. *Wenn auch die zeitbedingte Bauweise unsere Wohnräume kleiner bauen läßt, so soll durch die richtige Wahl der Möbel die Wohnung so gestaltet werden, daß die „Räume" entsprechend zur Geltung kommen.*[102] Eine Sitzecke mit einer Sitzbank oder Couch und einigen Stühlen mit einem ausziehbaren Tisch, dazu eine Anrichte mit einem Wandkästchen oder Geschirrkasten bilden die Einrichtung des Wohnzimmers. Die Möbelstücke des Schlafzimmers sollen nicht allzu schwer im Bau sein, zwei- oder dreiteilige Matratzen werden einteiligen vorgezogen. Nicht mehr zeitgemäße Ziergegenstände, sogenannte „Schinken", minderwertige Serienerzeugnisse aus Gips, Nippsachen auf der Kommode, Papiergirlanden um den „Salonspiegel" sollen durch Aquarell-, Holz- oder Linoldrucke, durch eine Glasvase aus Bleikristall oder eine ansprechende Keramik ersetzt werden. In der Küche hält der Elektroherd Einzug, keine billige Angelegenheit, 1.700 Schilling kostet ein Dreiplattenherd mit Backrohr einschließlich zwei Stück Elektro-Kochgeschirr; das gute Stück kann allerdings auch gegen zwölf Monatsraten angeschafft werden.

„So möchte ich wohnen" formuliert das führende Salzburger Möbelhaus Griff-O. Harmath in der Kaigasse seine Wohnausstellung 1953 als vielerorts unerfüllbaren Wunsch. Der letzte Schrei in Griff-O. Harmaths auf vier Stockwerken verteilten Möbelkollektion sind sogenannte Rundbau-Hochglanzmöbel: Das „Inge-Vollbau-Schlafzimmer" z. B. kann man schon um 5.675 Schilling erwerben und *ist einem teurem [!] Schlafzimmer vollkommen ebenbürtig.*[103] Aber auch „Inge" bleibt teuer genug: 5.675 Schilling übersteigt das Monatsgehalt eines einfachen Angestellten um das Drei- bis Vierfache. Doch wer Glück hatte, gewann vielleicht eines der fünf Möbelstücke bei dem der Ausstellung angeschlossenen Preisausschreiben: 1. ein

101 Demokratisches Volksblatt 29. 3. 1952
102 ebda.
103 Demokratisches Volksblatt 2. 5. 1953

Sekretär aus Nußbaum mit Spiegel und Bar, 2. eine Küchenkredenz, 3. ein Fauteuil, 4. eine Stehlampe und 5. ein Teewagen.

Die Konsolidierung von Wirtschaft und Währung ab 1952 und das Abebben der Inflation bringt zwar insgesamt eine relativ stabile Lohn-Preis-Relation, das Einkommen eines durchschnittlich verdienenden Salzburgers in den frühen fünfziger Jahren verleitet dennoch nur bedingt zum Geldausgeben. Er (oder

13 Getreidegasse in den fünfziger Jahren (Foto: AStS)

sie) muß schauen, wie er (oder sie) über die Runden kommt. Der Lohn eines Arbeiters mit einer vierköpfigen Familie reicht in der Regel nicht aus, den Lebensunterhalt zu bestreiten. 1952 verdient ein Facharbeiter um die 1.400 Schilling netto, zum Leben benötigt die Familie aber rund 2.000 Schilling. Nicht einmal 10 Prozent der bei der Gebietskrankenkasse Versicherten sind in der Lage, als Alleinverdiener Frau und zwei Kinder ausreichend zu versorgen. Ein Akademiker im Höheren Dienst der Landesregierung findet in seinem Lohnsackerl 2.710 Schilling, der Oberlandesgerichtsrat mit 22 Dienstjahren 2.368 Schilling. Am unteren Ende der Leiter steht der einfache Arbeiter, der nur 1.338 Schilling heim bringt. Ziemlich wenig im Vergleich mit dem Sold eines einfachen US-Soldaten, der umgerechnet etwa 2.600 Schilling ausbezahlt erhält.

Dieser Umstand zwingt in den meisten Fällen die Familie, von der Hand in den Mund zu leben oder, wenn man das nicht will, die Frau, arbeiten zu gehen. Wer dann keine Betreuung für die Kinder findet, muß diese in Pflege geben. Unter „Verschiedenes" kann man im Inseratenteil der Wochenendzeitungen Angebot und Nachfrage studieren. Es vergeht kaum eine Wochendausgabe, ohne daß im großen Stil Kinderbetreuung gesucht bzw. Pflegeplätze angeboten werden.

„Pflegeplatz für Neugeborenes gesucht. Mutter berufstätig. Unter ,Anfang Jänner 4960'."[104]

---

104 Salzburger Nachrichten 12. 12. 1951

„Um einem Verdienst nachgehen zu können, sucht volksdeutsche junge Frau für ihr sechsjähr. Söhnchen liebe Pflegeeltern. Das Kind ist gut erzogen und gepflegt. Antwort von mitfühlenden Menschen erbeten unter ‚Schweres, sorgenvolles Dasein O 2998‘.“[105]

„Kinderliebendes Ehepaar sucht Pflegekind. Erwünscht sind 4000 S Abfertigung. Dem Kinde wird Lehrzeit geboten und wird für dasselbe bis zur selbständigen Arbeitsfähigkeit mit Liebe gesorgt. Unter ‚Z 8067‘.“[106]

„Suche Pflegeplatz für fünf Monate altes liebes Mäderl in Stadt oder Umgebung Salzburg bei guter Bezahlung. Unter ‚D 1071‘.“[107]

„Welche liebe, nette Frau beaufsichtigt mir täglich von 3 bis 8 Uhr zwei Kinder, Alter 4 und 8 Jahre. Zahlung monatlich S 200,–. Unter ‚Kinderliebend D 1046‘.“[108]

Die Suche nach einem entsprechenden Pflegeplatz erweitert sich mitunter auch auf Haustiere.

„Tagsüber wird für guterzogenen Dackel warmes Platzerl gesucht. Futter und gute Bezahlung. Unter ‚Bahnhofnähe 3431‘.“[109]

Bis 1955 verbessert sich das Verhältnis Lohn – Lebenshaltungskosten leicht. Der monatliche Aufwand zum Leben und Überleben unserer vierköpfigen Arbeiterfamilie beträgt im Jahr des Staatsvertrages um die 2.000 Schilling, der Monatslohn des Facharbeiters ist inzwischen auf 1.830 Schilling gestiegen. Zum Ansparen für eine größere Anschaffung bleibt wenig bis gar nichts, die oftmals einzige Möglichkeit besteht in der Ratenzahlung.

Trotzdem, so hat es zumindest den Anschein, ist der Salzburger ein treuer Finder verlorener Gegenstände. *Salzburgs ehrliche Leute . . .*, schreibt B. . . . *tragen so ziemlich alles, was sie auf der Straße oder sonstwo finden, schnurstracks ins Fundamt der Polizeidirektion.*[110] Seine Überraschung ob dieser Ehrlichkeit formuliert B. denn auch mit den Worten *Kaum zu glauben.*[111] 3.997 Gegenstände seien 1953 im Fundamt abgegeben worden, Schirme, Schlüssel, Handschuhe, Krawatten, Zahnprothesen, Gablonzer Schmuck, Rosenkränze. Daß manches nicht abgegeben wird, sei nur dem kleinen unehrlichen Teil Salzburgs zuzuschreiben, *daß vieles nicht abgeholt wird, dem Mißtrauen der Salzburger gegenüber den Salzburgern.*[112]

---

105 Salzburger Nachrichten 18. 3. 1950
106 Salzburger Nachrichten 6. 5. 1950
107 Salzburger Nachrichten 22. 9. 1951
108 Salzburger Nachrichten 22. 9. 1951
109 Salzburger Nachrichten 22. 9. 1951
110 -ard, Salzburgs ehrliche Leute . . . In: Demokratisches Volksblatt 27. 1. 1954
111 ebda.
112 ebda.

Eine weitere, wenn auch bescheidene Möglichkeit, zu Bargeld zu kommen, besteht in der Verpfändung von Gebrauchs- und Wertgegenständen. Anfang 1950 eröffnet das Dorotheum eine Zweigniederlassung in Salzburg, welches die Funktion des alten städtischen Leihhauses übernimmt. Es befindet sich in einem Neubau in der Schrannengasse, schräg vis-à-vis vom Johanneum, jenem Internat, in dem B. mehrere Jahre zubringen mußte. Das Dorotheum

14 *Fahrräder als Hauptverkehrsmittel; Verkehrsregelung an der Staatsbrücke 1954*
(Foto: Bildarchiv der ÖNB)

entspricht allen modernen Anforderungen der Zeit, vom Keller bis unter das Dach laufen Waren- und Möbelaufzüge, eine „Pfänderrutsche" befördert das zur Auslösung bestimmte Pfand von den Magazinen in Sekundenschnelle in die Parterreräume, in der Versteigerungshalle stehen 126 Sitzplätze und 30 Stehplätze zur Verfügung.

Das Dorotheum als ein Ort, *zu dem alle jene pilgern werden – und das sind leider viele – die mit ihrem Verdienst nicht auskommen.*[113] Bereits drei Monate nach seiner Eröffnung sind 750.000 Schilling für 5.000 Pfänder ausbezahlt worden, in der Hauptsache für Schmuck, Pelzmäntel, Fahrräder, Fotoapparate, Schreibmaschinen, Herrenkleider und Herrenschuhe. Auch B. wird, wie er vermerkt, Kunde *der Heiligen Dorothea, der Göttin der Armen, der Dichter, Philosophen und Maler.*[114] Jedes Frühjahr, so B., trägt er seinen braunen Schweizer Wintermantel ins Dorotheum, der aber jährlich an Wert und Zugkraft verliert.

„Bekam ich für den Mantel vor vier Jahren dreihundert Schilling auf die Hand, waren es vor zwei Jahren nur mehr zweihundert, und voriges Jahr gar nur mehr achtzig. [. . .] Und wenn mein Schweizer Mantel gar nicht mehr zieht, beginne ich, Schuhe, Hemden, Bettücher und anderes in Betracht zu ziehen."[115]

---

113 Salzburger Nachrichten 12. 1. 1950
114 Thomas Bernhard, Dorotheum. In: Josef Kaut, Salzburg von A–Z. Salzburg – Wien 1954, S. 50
115 ebda.

12.000 Einzelposten von beweglicher Habe liegen 1954 in den Magazinen, dazu etwa 5.000 Wertgegenstände. Fast 45.000 Posten kommen im selben Jahr unter den Hammer, davon wechseln 30.000 ihren Besitzer. B. überlegt sich, seine Weckeruhr der Marke Omega ins Dorotheum zu tragen.

„Ich werde mich anfügen an die menschliche Schlange der Matratzen, Photoapparate, Herdplatten, Zithern, Teppiche, Uhren, Grammophone. Dreinschaun werde ich wie weiland der schlechteste unter den Schnürlregentagen und mein Weckerchen durch das Fenster schieben. ‚Nicht mehr?‘ werde ich fragen, in der Hand das saftlose Stück Papier. Und die Antwort wird lauten: ‚Mein lieber Herr, was glaubens denn? Für so an Prater . . .‘“[116]

Es sind in erster Linie die kleinen Dinge, die hier verpfändet und erstanden werden. „Dieser Tempel gehört den Armen“, davon ist auch B. überzeugt. Ein Unterrock aus mattrosa Seide, erstanden um 10 Schilling und 50 Groschen; Gummischuhe mit dem Ausrufpreis von 28 Schilling; ein Anzug mit Knöpfen um 280 Schilling; Unterhosen der Marke „Prigill“, ein Taschenmuff, Hornbrillen, Kehrbesen, Taschenlampen, Brautschleier, Schaukelpferde, *und nicht zuletzt eine Reihe verschiedener „Flußlandschaften“. Es gibt die „Flußlandschaft im Morgennebel“, die „Flußlandschaft am Abend“, die „Flußlandschaft in der Dämmerung“, die „Flußlandschaft an der Lüneburger Heide“ und noch eine ganze Anzahl davon [. . .]*[117], erinnert B. auch an das Vorhandensein serienmäßig hergestellter Gemälde. Tatsächliche Kunstgegenstände werden in regelmäßig veranstalteten Kunstauktionen angeboten, so etwa im November 1951, wobei sich der Umsatz bei 400 verkauften Posten auf 180.000 Schilling belief. Und anschließend, wenn die Menschen nach den „gewöhnlichen“ Auktionen mit ihren Essiggurkengläsern, Badewannen, Perlonstrümpfen und Babyspeisethermometern das Dorotheum verlassen haben?

„Wenn der Haufen Schicksale, wie man ihn nennen kann, zu Ende geht, leeren sich die Sessel, und über die Schrannengasse pilgern teils vollbepackte Gestalten, von deren manche wirklich einen guten Fang gemacht haben, andere aber (und das ist das gute), nicht wissen, daß sie eines tönenden Hammers Schlag zum Opfer gefallen sind.“[118]

1950/51 ist das erste Nachkriegsjahr mit annähernd freier Konsumwahl. Die Lebensmittelknappheit ist überwunden, auf dem freien Markt wird zwar fast alles angeboten, was Herz und Magen begehren, aber nicht alles ist erschwinglich. 1950 gibt es nur noch für Zucker und Speisefette Lebens-

---

116 ebda.
117 Th. B., Alte Hüte und Diverses . . . In: Demokratisches Volksblatt 6. 11. 1952
118 ebda.

mittelkarten, und die Ostertage 1953 bringen für Salzburg das Ende der Lebensmittelmarken: Mit dem Abschnitt 29 kann ein letztes Mal verbilligte Butter bezogen werden.

In Relation zum Durchschnittseinkommen sind Lebensmittel teuer. Allein 1.000 Schilling des Lohns oder Gehalts sind für Lebensmittel reserviert, weitere 180 Schilling für Genußmittel. Das heißt, unsere vierköpfigeA rbeiterfamilie muß allein zwei Drittel des Monatslohns des Mannes für Eßbares ausgeben. Genußmittel wie (Bohnen)kaffee oder Wein kann man sich, wenn überhaupt, nur an ganz besonderen Festtagen leisten. Auf die Verhältnisse von 1995 umgerechnet kosten damals 1 kg Schwarzbrot ca. 40 Schilling, ¼ kg Butter 105 Schilling, ½ Liter Flaschenbier 23 Schilling und ¼ kg Bohnenkaffee astronomische 310 Schilling. Wer es sich leisten kann, dem steht seit 1951 auch der Erwerb von „Walfischfleisch" offen.

TABELLE 5: Lebensmittelpreise Dezember 1952

1 kg Weizenmehl	4,30
1 kg Schwarzbrot	3,50
1 Semmel	0,40
1 l Vollmilch	2,04
1 kg Teebutter	35,20
1 l Speiseöl	13,60
1 kg Schweinefleisch	27,00
1 kg Extrawurst	28,00
1 kg Kartoffeln	1,10
1 kg Kaffee	104,00
1 kg Tee	105,00
1 l Bier	4,20
1 l Wein	24,00
1 Zigarette	0,35

Quelle: Statistisches Jahrbuch der Stadt Salzburg 1952

TABELLE 6: Preise Schrannenmarkt 1951–1955 (Auswahl)

| Ware | Preise pro Stück oder kg | | | |
	7. 12. 1951	25. 4. 1952	13. 2. 1953	6. 7. 1955
Spinat	3,50	2,50	6,00	3,00
Kartoffeln	1,10		1,00	
Zwiebeln	2,50		3,50	2,80
Äpfel	4,00	5,00	2,00/6,50	6,00
Birnen	4,00			7,00
Eier	1,60	0,90	1,00	1,05
Kraut	1,00		2,50	3,00
Sauerkraut	3,00		2,00	
Kohl	2,00			3,00
Karotten	1,60		2,00	
Endiviensalat	2,50		2,00	
Vogerlsalat	10,00	10,00		
Häuptelsalat		2,00	0,30	0,30
Gänse/Enten	26,00			24,00
Hühner	24,00			20,00
Suppenhühner	20,00	25,00		22,00
Butter		27,00	27,00/34,00	27,00
Radieschen		1,50		
Karfiol		2,50	3,00	1,50
Sellerie			16,00	
Orangen			7,00/12,00	10,00
Bananen				10,00

Quelle: Salzburger Tageszeitungen

Einmal noch, und zwar zu Weihnachten 1951, stellt sich ein Engpaß in der Butter- und Kaffeeversorgung ein. 6.000 kg „Zuschußbutter" werden aus Oberösterreich „importiert", sodaß in der Weihnachtswoche die Ausgabe von 6 bis 7 dag Butter pro Person erfolgen kann. *Butterversorgung wie in Kriegszeiten*[119] heißt es dann auch enttäuscht in der Zeitung. Aufmerksame Besucher des wöchentlichen Schrannenmarktes wollen allerdings gesehen haben, daß aus wohlbehüteten Kisten mächtige Butterpakete im Gewicht bis zu 5 Kilo sogenannten Stammkunden ausgefolgt wurden. Und der momentane Kaffeemangel wird darauf zurückgeführt, daß ein Eisenbahnwaggon mit Kaffee nicht am Bestimmungsbahnhof Salzburg angekommen ist, sondern in Hallein abgestellt wurde. Ein Jahr darauf, Anfang Dezember 1952, wird bereits von vornherein Entwarnung gegeben: *Weihnachtsversorgung heuer gesichert.*[120] Orangen zu 11 Schilling das Kilo, griechische Man-

119 Salzburger Nachrichten 5. 12. 1951
120 Demokratisches Volksblatt 2. 12. 1952

darinen zu 12 Schilling, ebenso sind genügend Nüsse, Mandeln und Rosinen eingelagert, um die kuchenbackende Hausfrau zufriedenzustellen. Auch Buttermangel sei heuer keiner zu befürchten. Apropos Weihnachten: Der obligate Christbaum findet ebenfalls seinen Weg in die Stuben der Salzburger. 1951 kostet eine Zweimeterfichte 10 Schilling, die Tanne 17 Schilling. Während sich der Preis für die Fichte in den darauffolgenden Jahren nur geringfügig nach oben verändert, muß man für eine 2 Meter große Tanne 1955 bereits um die 35 Schilling hinlegen.

In der Art und Qualität der Bekleidung ist der feine Unterschied erkennbar. Während die einen (die vielen) in ausgelatschten Schuhen, mit geflickten Hemden, gestopften Socken, repassierten Strümpfen, gebrauchter Unterwäsche und, bei festlichen Anlässen, *dem* Feiertagsgewand (etwas abgetragen) auftreten, kann sich 1952 ein kleiner Teil der Bevölkerung Dinge leisten, von denen die vielen nur träumen: Damenstrümpfe um 65 Schilling das Paar, Herrenschuhe um 439 Schilling, Damenkleider zu 1.200 Schilling und Herrenanzüge um sagenhafte 1.493 Schilling, gesehen in den sechs führenden Modehäusern der Stadt, mehr als unser Facharbeiter monatlich nach Hause bringt. Ja, auch in Salzburg ist der Luxus daheim. Die attraktive Zurschaustellung der Waren wird ebenso forciert. 1949 kommt es erstmals zu einem von der Wirtschaftskammer iniziierten Schaufensterwettbewerb, der zu einer modernen Gestaltung der Geschäftsauslagen führen soll. Die Stadt sucht den Anschluß an internationale Vorbilder, da sie *wie kaum eine zweite in Europa, alljährlich das Ziel vieler Tausender Kunstbegeisterter ist [. . .]* [121], wie es gar etwas überschenglich heißt. Nicht zufällig findet die Veranstaltung mitten in der Festspielzeit statt. Unter den Gewinnern des Wettbewerbes finden sich u. a. die Bekleidungsfirmen Thalhammer und Palmers.

Kleider, die angeblich Leute machen, wollen auch ansprechend präsentiert werden. Das Modehaus Niedermeier wählt im Dezember 1950 das Cabaret „Casanova" als Veranstaltungsort seiner Kollektion. Der Andrang ist groß, der Saal zum Bersten voll, *viele Leute sah man weggehen, weil sie keine Karte mehr bekommen konnten.* [122] Gezeigt werden insgesamt 58 Modelle, *vorgeführt von hübschen Betriebsangestellten:* [123] Abend- und Cocktailkleider, Wollkleider, Pullover, Röcke und Hosen, sogenannte Zeitungsblusen und Nachtgewänder im Stil des 18. Jahrhunderts. Das Rahmenprogramm bestreitet *die* Salzburger Tanzkapelle „Rhythmische Sieben".

Einige Monate darauf wählt das Modehaus Ornstein das Cabaret „Casanova" als Veranstaltungsort seiner Frühjahrskollektion. Höhepunkt dieser Modenschau ist der Auftritt der Miß Austria von 1948, Fräulein Decombe.

---

121 Salzburger Nachrichten 19. 8. 1949
122 Salzburger Nachrichten 11. 12. 1950
123 ebda.

Einiges Aufsehen erregen die Frühjahrs- und Sommermodenschauen desselben Modehauses, die als Freiluftveranstaltungen auf dem Max-Reinhardt-Platz vor dem Festspielhaus vor sich gehen. Die um 20 Uhr beginnenden Abendveranstaltungen dauern bis Mitternacht und werden von der Polizeimusikkapelle und dem Duo Götz-Ludescher musikalisch umrahmt. Andere Firmen wiederum lassen ihre Mannequins im neuen Stadtkino auf- und abschreiten und engagieren den Rundfunkreporter Hans Klettner als Moderator.

Nicht gerade Luxusgegenstand, aber doch noch ein Gerät, das nicht jeder besitzt. Die Rede ist vom Radio. 1951 verfügen erst 65 Prozent aller Haushalte im Bundesland Salzburg über ein Rundfunkgerät. *Wer Schönheit liebt und guten Ton, wählt nur den „Prinz" von Hornyphon!*[124] Aber nur die wenigsten können sich den „Prinz" mit der deutlich lesbaren Flutlichtskala und dem außergewöhnlichen Tonumfang auch wirklich leisten: Der Betrag von 1.875 Schilling muß von den meisten anders angelegt werden.

Ein Statussymbol besonderer Art bildet das Auto. In einer Zeit, da das Hauptverkehrsmittel (neben dem öffentlichen Verkehr) das Fahrrad und die eigenen Füße sind, wiegt der Besitz eines Personenkraftwagens um so bedeutungsschwerer. Gerade 2.000 Pkw sind 1951 in der 100.000-Einwohner-Stadt zugelassen, dazu donnern 1.000 Lastkraftwagen, Dieselschwaden hinter sich lassend, durch die Stadt. Bei den Personenkraftwagen dominieren zu jener Zeit die Typen Steyr, Opel, DKW, Fiat und Mercedes, erst an sechster Stelle rangiert die spätere Weltmarke VW. Dazu kommen noch 2.700 Motorräder. Im selben Jahr gibt es noch 41 Unternehmen, die als Lohnfuhrwerker mit Pferdegespannen ihr Geld verdienten. Die Verkehrszähler, die den Verkehr statistisch erfassen, registrieren auf der Staatsbrücke noch mehr Fahrräder als Pkw.

Bis Ende 1955 steigt die Zahl der Pkw auf 5.000, jene der Lkw auf 1.500. Trotz dieser insgesamt geringen Motorisierung (1,6 Pkw auf 100 Einwohner, vgl. 1995 44 Pkw auf 100 Einwohner) beherrscht das Verkehrsproblem die Schlagzeilen der Medien. Mangelnde Disziplin aller Verkehrsteilnehmer und mangelnde Verkehrssicherheit auf den Straßen provozieren zahlreiche Unfälle. Da nutzte auch eine bereits im März 1946 gestartete Inseratenaktion in den Zeitungen unter dem Titel „Der Tod währt ewig" nicht besonders viel. Merksätze wie „Fahre rücksichtsvoll und geschickt! Vor Kurven rechtzeitig abstoppen!" oder „Fahre stets in der richtigen Fahrbahn. Gib vorm Überholen oder Halten rechtzeitig Warnsignal." finden wenig Widerhall: 1946 gibt es bei 481 Verkehrsunfällen 34 Todesopfer und 93 Schwerverletzte. Als Unfallursachen werden u. a. erkannt: Autofahrer geben bei Richtungsänderung oder Anhalten nicht die entsprechenden Hand- oder Lichtzeichen, und Fußgänger fühlen sich an keinerlei Verkehrsregeln ge-

---

124 Salzburger Nachrichten 15. 12. 1951

bunden. Insgesamt sieht man aber nicht die Kraftfahrzeuge als Hauptverur-
sacher von Unfällen, sondern *trotz Verkehrserziehung und Ermahnungen
seien die Radfahrer noch immer das finsterste Kapitel unserer ohnedies dunklen Verkehrssorgen.*[125] Oft fahren zwei und drei Radfahrer nebeneinander
her, Erwachsene sitzen als Mitfahrer auf der Stange, Beleuchtung ist für die
meisten Pedalritter ein Fremdwort, *ganz abgesehen von der grandiosen
Gleichgültigkeit beim Abbiegen, Stoppen und Vorfahren.*[126]

An besonders frequentierten Kreuzungen wie beim Landestheater oder
an der Staatsbrücke stehen bis 1950 Polizisten, die den Verkehr händisch
regeln. Für ihre Tätigkeit erhalten sie zu Weihnachten von vielen Autofah-
rern Geschenkpackerl zu Füßen gelegt, ein Brauch, die mit der Einführung
von Verkehrsampeln zwangsläufig verloren geht. Die Polizisten bedienen
die seit 1950 installierten Lichtsignale von kleinen Kommandohäuschen
aus. Gerade rechtzeitig seien die Verkehrsampeln angeschafft worden, ist
man in Salzburg überzeugt, denn 1950 erlebt die Stadt die erste richtige
Invasion einer Blechlawine, *der lackglänzenden Streamliner, der spiegeln-
den Pullman-Omnibusse, der Radler und Tandemfahrer, der Motorräder und
nicht zuletzt [. . .] der misera plebs (sprich Fußgänger).*[127] Festspielzeit ist,
und auf den altstädtischen Straßen und Plätzen spielen sich chaotische
Szenen ab. Auf der Staatsbrücke wird im August 1950 im Vergleich zum Jahr
davor eine 260prozentige Steigerung des Pkw-Verkehrs festgestellt. Die
weitere Zunahme des Verkehrsaufkommens läßt sogar den Plan reifen, an
der Staatsbrücke zur Lenkung des Verkehrs eine Lautsprecheranlage anzu-
bringen.

Um diese Zeit beginnt auch die Diskussion um eine autofreie Altstadt.
1950 wird die Klampfergasse für den Verkehr gesperrt, 1952 erlebt der
Residenzplatz erstmals ein Parkverbot, allerdings nur für Zivilautos, US-Ar-
meefahrzeuge können weiterhin dort abgestellt werden. Das Für und Wider
einer Altstadtsperre spielt sich innerhalb der Extreme (toter) „Tempelbe-
zirk" und „pulsierendes Leben" (dank der Geschäftswelt) ab, die Problematik verstopfte Altstadt – zentrale Parkplätze wird bereits damals nicht gelöst.

Trotz des vergleichsweise geringen Verkehrsaufkommens Anfang der
fünfziger Jahre gibt es bereits damals Proteste gegen die zunehmende
Abgas- und Lärmentwicklung. Eine gefährliche Abgasquelle wird bereits
1950 geortet: Die Rauchentwicklung durch Dieselfahrzeuge mache ein
Überholen solcher Fahrzeuge unmöglich, da entgegenkommende Fahrzeuge durch die Rauchwand nicht sichtbar sind. Was den Straßenlärm betrifft,
so nehme nach einem Bericht des SAMTC von 1952 die Lärmentwicklung
insbesondere des Nachts unerträgliche Formen an. Der Autofahrerclub

---

125 Salzburger Nachrichten 11. 9. 1951
126 ebda.
127 Salzburger Nachrichten 23. 8. 1950

richtet daher an seine Mitglieder den Appell, *mit besonders gutem Beispiel durch rücksichtsvolles und möglichst geräuschloses Fahren in unserer schönen Stadt voranzugehen.*[128] 1954 forderte der Gemeinderat *in seinem begrüßenswerten Kampf gegen den Straßenlärm*[129] die Erlassung eines Hupverbots für die innere Stadt.

Und wer ist damals stolzer Automobilist, kann sich einen fahrbaren Untersatz leisten? Antwort: Wenige. Der Preis für einen Neuwagen bewegt sich 1954 zwischen 45.000 und 90.000 Schilling (Volkswagen 43.200, Ford Anglia 47.800, Opel Kapitän 79.500 Schilling). Die Autos kosten also das 25- bis 50fache des Verdienstes unseres Facharbeiters. Eine Ausnahme bildet einerseits der 2-CV mit einem Neupreis von S 35.000,–, andererseits der Mercedes 300 für stolze 175.000 Schilling. Wer nun kein Automobil besitzt, und das sind die meisten in der Stadt Mozarts, der kann sich auch kein Taxi leisten: für 5 Kilometer bezahlt der Fahrgast einem der (1955) 106 „Taxameter" 22 Schilling, für dieselbe Strecke des Nachts 26 Schilling. Und so besteigt unser Facharbeiter den Saurer-Autobus oder den Gräf & Stift-Obus der Salzburger Verkehrsbetriebe, bezahlt je nach Länge der Fahrtstrecke 1, 1,50 oder 2 Schilling und fährt mit diesen heim.

Am 11. Jänner 1951 verläßt B. die Lungenheilstätte Grafenhof oberhalb von Schwarzach für immer und betritt dieses Salzburg der frühen fünfziger Jahre. Seine Situation ist nicht einfach. Körperlich ist er nach wie vor angeschlagen, der Großvater ist bereits 1949 verstorben, Bs. Mutter folgte ihm 1950. B., schwach, blaß, ausgezehrt und *mit Wimmerln im G'sicht*[130], dem sich in der Grafenhofener Zeit der Weg zum Schreiben vorzeichnet, sucht seinen Platz. Nach einer längeren Zeit der Unsicherheit öffnet sich ihm die Möglichkeit, als Zeitungsschreiber Geld zu verdienen. Im Oktober 1951 wird anläßlich des 70. Geburtstages des Großvaters Johannes Freumbichler an dessen Elternhaus in Henndorf eine Gedenktafel enthüllt, *mit meinen Verwandten im Wirtshaus, mit Zeitung und Reporter und wer halt da umanandg'standen ist, mit Blaskapelle und mit Fahnen und Schützen*[131], erinnert sich B. mit dem Abstand der Jahre an die damalige Feier. Mit dabei auch Josef Kaut, Sozialist und Chefredakteur der Salzburger Parteizeitung „Demokratisches Volksblatt".

„Meine Großmutter ist neben mir g'sessen, und der Kaut, und hat g'sagt: ,Mein Gott, ich weiß nicht, was ich mit meinem Enkel mach', der ist nichts und wird nichts und so, vielleicht könnt' er schreiben.' So war das. Und der Kaut hat g'sagt: ,Schicken S' ihn halt am Montag zu mir.'"[132]

---

128 Mitteilungen des SAMTC 2/1952
129 Salzburger Nachrichten 12. 2. 1954
130 Kurt Hofmann, Aus Gesprächen mit Thomas Bernhard, S. 42
131 ebda.
132 ebda.

So war das nicht ganz. Herbert Moritz, einstens Redakteur bei selbiger Zeitung, später Landesrat und Unterrichtsminister, hält *es für unvorstellbar, das Bernhard nichts von der Intervention Carl Zuckmayers bei Josef Kaut gewußt hat, die für sein Engagement doch sicher mindestens ebenso maßgebend war wie die großmütterliche Bitte.*[133] Zur Erinnerung: Jener Carl Zuckmayer, der als Bewohner der „Wiesmühl" in Henndorf in den Jahren 1926 bis 1938 bereits den Großvater Johannes Freumbichler in seinem literarischen Schaffen unterstützte; der Roman „Philomena Ellenhub" erschien im Zsolnay-Verlag, Freumbichler erhielt dafür 1937 den Großen Österreichischen Staatspreis.

Wie auch immer. B. wird von der Großmutter zu Kaut „geschickt". Ab Anfang 1952 lernt B. nach Schule und Internat, nach Scherzhauserfeldsiedlung und Kaufmannslehre, nach Spital und Sanatorien eine neue Facette des Salzburger Alltagslebens kennen: Er wird Gerichtsreporter, zunächst Gerichtsreporter. Über hundert Artikel verfaßt B. 1952 für die Zeitung, größtenteils Gerichtsreportagen, später Lokal- und Kulturberichte, bespricht Kinofilme, auch Erzählungen und Gedichte werden abgedruckt. Das „Demokratische Volksblatt" ist 1952 eine von vier Tageszeitungen in Salzburg. Als Parteiblatt der Sozialistischen Partei Österreichs reicht ihre Auflagenstärke nicht an jene der führenden „Salzburger Nachrichten" heran. Die „Salzburger Nachrichten" haben in den frühen fünfziger Jahren eine Auflage zwischen 40.000 und 50.000 Exemplaren, währenddessen sich die Auflage des „Demokratischen Volksblatts" von 12.000 im Jahr 1949 auf etwas über 6.000 im Jahr 1957 reduziert.

Die „Salzburger Nachrichten" gingen aus einem Presseorgan der amerikanischen Besatzungsmacht hervor, erhielten im Oktober 1945 von den US-Behörden das „Permit S-1" und arbeiteten fortan als „unabhängige demokratische Tageszeitung", deren Blattlinie sich immer mehr in einem konservativen, dem Kalten Krieg verpflichteten Fahrwasser bewegte. So wurde der deutsch-nationalen Traditionszeitung „Salzburger Volksblatt", die 1942 nicht aufgrund des Inhalts sondern aus Rationalisierungsgründen eingestellt werden mußte und erst seit 1950 wieder erschien, von vornherein ein breiter Leserkreis entzogen. Das „Salzburger Volksblatt" blieb fortan hinter den „Salzburger Nachrichten" die Nummer 2. Bleiben die beiden Parteizeitungen „Demokratisches Volksblatt" und „Salzburger Volkszeitung" (ÖVP), die ebenfalls seit Oktober 1945 einen kleinen Leserkreis versorgten.

---

133 Herbert Moritz, Lehrjahre. Thomas Bernhard – vom Journalisten zum Dichter. Weitra 1992, S. 17

1.2. Im Schatten der Aufwärtsentwicklung

Nach wie vor umgürten in den frühen fünfziger Jahren Barackendörfer die Stadt. Dank der verschiedenen Auswanderungsprogramme nach Australien, Kanada und in die USA hat sich seit 1949 die Zahl der Flüchtlinge stetig verringert. Anfang 1952, als B. sein Zeitungsengagement beginnt, leben in der Stadt noch 21.000 Flüchtlinge und DPs, davon über 11.000 Volksdeutsche. An die Stelle der früher zahlenmäßig dominierenden Russen und Ukrainer, von denen inzwischen viele ausgewandert sind, traten Jugoslawen und Ungarn. Noch etwa 1.000 Juden warten im Lager „Neu-Palästina" in Stadtteil Parsch auf ihre Weiterreise nach Israel. Seit 1945 nahmen über 200.000 Juden auf ihrem Weg nach Palästina (Israel) und Übersee Zwischenstation in Österreich, von denen sich ganze 6 (sechs) um die österreichische Staatsbürgerschaft beworben haben.

Auch viele Volksdeutsche entscheiden sich für eine neue Heimat in Übersee. Es bestehen spezielle Auswanderungsprogramme für diese Gruppe, die Abreise erfolgt generell über Salzburg. Bei der Halbruine des Hotel Europe direkt beim Hauptbahnhof befindet sich das sogenannte Volksdeutschen-Umsiedlungslager. Im Zeitraum von eineinhalb Jahren, von Ende 1950 bis Mitte 1952, werden hier 14.000 Volksdeutsche durchgeschleust, mit dem Zug nach Bremen gebracht und von dort in die Neue Welt eingeschifft. Viele der Volksdeutschen bleiben aber auch im Land und versuchen hier ihr Glück. Geliebt werden sie von den Salzburgern nicht. In ihrer Mehrheit aus Siebenbürgen und dem Banat heißen sie bei den Einheimischen abschätzig „Banater Gfrast", „Balkanesen", „Zigeuner mit den langen Kitteln" oder, ganz simpel, „Ausländergesindel". So wie es immer ist: Lange Zeit weiß auch das offizielle Österreich nicht wohin und was tun mit den Volksdeutschen, die lieber nach Deutschland oder in eines der Einwanderungsländer gewünscht werden. Die Integration nehmen die Volksdeutschen teilweise selbst in die Hand Eine 1949 gegründete „Zentralberatungsstelle" organisiert die Beschaffung von Grundstücken zum Bau geschlossener Siedlungen: Es entstehen Siedlungen in den Stadtteilen Morzg und Gneis und auch in Landgemeinden rund um Salzburg.

Neun Barackenlager gibt es 1952 noch im Stadtgebiet. Viele der Flüchtlinge sind inzwischen ausgewandert, sodaß manche Lager und Baracken nur mehr von wenigen Menschen bewohnt werden. Eine ideale Möglichkeit für die Stadtverwaltung, die Wohnungsnot in der Stadt zu dämpfen und Salzburger in die leeren Baracken einzuweisen, vorübergehend natürlich wie es heißt. 13.000 Menschen suchen 1952 in Salzburg eine geeignete Bleibe, 700 Delogierungsfälle wissen nicht wohin. Letztere werden ins Lager Lexenfeld in Salzburg-Liefering eingewiesen, wo auch bald ein kleiner Kindergarten mit 30 Plätzen entsteht. Fräulein Engl heißt die Kindergärtnerin im Lager Lexenfeld, die von B. im Oktober 1953 für eine Zeitungsreportage aufgesucht wird, und *sie ist ein Engel für die Kinder.*[134] B. verfaßt den Artikel mit einem deutlichen Blick auf seine eigene Kindheit.

„Den Kindern sollte man doch das Leben so schön wie möglich machen, anfüllen bis obenhin mit Wundern und mit Träumen. [. . .] Tante Engl ist vertraut mit der kindlichen Seele, die wohl behütet sein will . . .“[135]

Im Dezember 1954 entsteht in Glasenbach für Flüchtlinge aus kommunistischen Ländern noch ein zusätzliches Lager, in dem die Menschen auf ihre Auswanderung nach Übersee warten. 1955 leben in 337 Baracken etwa 10.000 Menschen, bereits die Hälfte der Barackenbewohner kommt aus Salzburg.

Noch immer werden die Lager als potentielle Unruheherde angesehen, noch immer beherrschen „Schreckensmeldungen“ die Zeitungslandschaft.

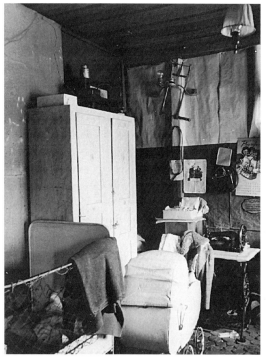

15 Barackenelend
(Foto: AStS)

Vom Tuchentdieb Jerzy Kokoska aus dem Lager Hellbrunn, über *Exzesse russischer DPs*[136], Sergej Kritschkewitsch, Konstantin Gromow und Grigori Jelfimow aus dem Lager Parsch, die Gasthausbesucher mit Bierflaschen bewerfen, einem Großbrand in selbigem Lager, den Jakob Kondratowitsch verursacht hat, bis zu Typhusmeldungen, Lagerstreiks, lebensgefährlichen Elektroinstallationen, Devisenschleichhandel und Hehlertätigkeiten reicht die aufregende Palette des Lagerlebens. Die Stadt findet ihre Befürchtungen, die Einwohnerschaft ihre Furcht immer wieder bestätigt. B. ist Gerichtsreporter, zuständig für leicht humoristische Reportagen aus dem Salzburger Justizgebäude, und kennt die Verhandlungen, in die DP-Ausländer verwickelt sind. Gerade bei Auseinandersetzungen mit Einheimischen ist der Anlaß keineswegs immer bei den DPs zu suchen. Im Verfahren *Russen kontra Gnigler*[137] geraten sich genannte Volksstämme in einem Gasthaus im Stadtteil Gnigl in die Haare.

---

134 Th. B., Lichtstrahl im Barackenlager. In: Demokratisches Volksblatt 17. 10. 1953
135 ebda.
136 Salzburger Nachrichten 11. 4. 1950
137 Russen kontra Gnigler. In: Demokratisches Volksblatt 29. 2. 1952

„Die Einheimischen warfen auf den Tisch ‚Rußlands' eine brennende Zigarette und lachten. Da sprang einer der östlichen Kolosse auf und versetzte dem wackeren Gnigler einen Hieb an das Kinn, daß er zu Boden taumelte. Alle Anwesenden fuhren von ihren lockeren Sesseln auf und mischten sich in das Gemenge. [. . .] Das Mißgeschick brachte es, daß einer der Ukrainer bewußtlos am Boden liegen blieb und in das Krankenhaus eingeliefert werden mußte."[138]

In diesem Fall werden die beiden angeklagten Gnigler S. und W. zu drei Monaten bedingt verurteilt *und Russen und Gnigler gingen in Eintracht aus dem Saal.*[139]

Großes Aufsehen und frischen Wind in den latenten Antisemitismus der Salzburger bringen die Auseinandersetzungen um den Film „Die unsterbliche Geliebte" von Veit Harlan, Regisseur des 1940 gedrehten Machwerks „Jud Süß", im April 1951. Eine Vorstellung im Elmo-Kino wird am Nachmittag des 3. April von etwa 150 jüdischen DPs gesprengt, worauf ein Überfallskommando der Polizei die Demonstranten aus dem Kinosaal drängt. Tags darauf werden die Demonstrationen fortgesetzt, das Kino wird angeblich mehrmals telefonisch mit Bombendrohungen bedacht, die DPs blockieren vor dem Kinogebäude die Saint-Julien-Straße und legen den Verkehr lahm. Die Polizei knüppelt sie von der Fahrbahn. Unter den Demonstranten befindet sich auch ein Mann namens Simon Wiesenthal.

Aufgrund der Vorfälle entschließt sich der Kinobetreiber Alfred Morawetz, „Die unsterbliche Geliebte" abzusetzen und statt dessen einen Ersatzfilm mit dem auf die Situation passenden Titel „Eine Stadt hält den Atem an" zu bringen. Die Stimmung, die in Salzburg gegenüber den Juden und den DPs im gesamten herrscht, wird von den „Salzburger Nachrichten" zu Papier gebracht, als eine Zeitung, die sich mit dieser Stimmung weitgehend identifiziert. Das Blatt berichtet von den *Polizisten, die betont rücksichtsvoll einschritten*[140] (fünf Demonstranten müssen ins Spital eingeliefert werden), berichtet von der einheimischen Bevölkerung die *sich über das provokatorische Verhalten der Ausländer sichtlich erregt*[141] zeigte, und verbreitet die Meldung, daß sich die bodenständige Judenschaft von dem Vorgehen unbesonnener Ausländer distanziert (was die Israelitische Kultusgemeinde zu einer scharfen Entgegnung veranlaßt). In Westösterreich habe es bisher *keinen nennenswerten Antisemitismus* gegeben, heißt es mit erhobenem Zeigefinger, und es werde *schon einer starken Besonnenheit der Bevölkerung bedürfen, um diesen Standpunkt künftig zu halten.*[142] Bereits damals nimmt sich B. dieser vom Schicksal geschlagenen und körperlich beeinträchtigten Menschen an.

---

138 ebda.
139 ebda.
140 Salzburger Nachrichten 4. 4. 1951
141 ebda.
142 Salzburger Nachrichten 10. 4. 1951

„[. . .] Kennzeichen eine Krücke unter dem Arm. Er hat nur einen Fuß, der andere ist irgendwo in Rußland geblieben. Das machte ihn sehr, sehr unglücklich, doch sah er eines schönen Tages, daß ihn dieses Unglück nicht lange über Wasser hält. Nun hat er verschiedene Ansichtskarten zwischen seine von einer Granate verstümmelten Finger geklemmt und wartet, bis einer kommt, der sie ihm abnimmt."[143]

Der Mann auf der Brücke[144] mag ihm auf seinen Wegen durch die Stadt aufgefallen sein. B. trifft hier wohl genau den Punkt: Viele sehen den Mann, wollen es aber nicht, er ist ihnen ein Dorn im Auge und erinnert sie an etwas, an das kleine Wort Egoismus, das sie immer und überall mit sich schleppen.

Es gibt also noch Ärmere und Mittellosere als die Bewohner der Barakkenlager. Zum Beispiel jene, die für maximal drei Tage kostenlos in der Bahnhofsmission Aufnahme finden, Baracke 20 des Itzlinger Volksdeutschenlagers: Suppe, Tee, Brot, zwei Decken. Zum Beispiel Menschen, die sich bettelnd und hausierend auf der Straße aufhalten, Menschen, die auf der Straße um ein paar Groschen musizieren. Vor beiden Gruppen warnt die Polizei *dringend*, die Bevölkerung solle diesen Leuten *ein besonderes Augenmerk*[145] zuwenden, da es sich dabei meist um arbeitsscheue Individuen handelt. *„Wir gehen aus der Angst durch die Not zum Nichts"*, würden die bleichen Gäste dem Schreibtischexistenzialisten zuflüstern.[146]

Jene, die sich nicht mehr zu helfen wissen und sich nicht mehr helfen lassen wollen, legen Hand an sich. Salzburgs Selbstmordrate war immer über dem Durchschnitt, und mit jährlich meist über 30 Suizidfällen in den fünfziger Jahren liegt die 100.000-Einwohner-Stadt im Spitzenfeld einer traurigen Statistik.

„Wie oft, und zwar hunderte Male, bin ich durch die Stadt gegangen, nur an Selbstmord, nur an Auslöschung meiner Existenz denkend und wo und wie ich den Selbstmord (allein oder in Gemeinschaft) machen werde [. . .]"[147]

beschreibt B. jene Phantasien seiner Internatszeit 1943/44, die *einen* Mittelpunkt seiner Gedankenwelt darstellten und als Thema die Insassen des Internats beherrschte. Auf das Thema Selbstmord kommt B. auf die eine und andere Weise immer wieder zu sprechen, im Herbst 1945 versucht er am eigenen Leib, dem Leben ein Ende zu setzen. Selbstmörderstraße nennt er die Müllner Hauptstraße, die alte Verbindungsstraße zwischen der Altstadt und der Vorstadt Mülln, die nahe am Felsen des Mönchsberges vorbeiführt, und auf die sich von der Aussichtsplattform „Humboldtterrasse" die Selbst-

143 Th. B., Der Mann auf der Brücke. In: Demokratisches Volksblatt 18. 7. 1952
144 ebda.
145 Salzburger Nachrichten 9. 1. 1951
146 Salzburger Nachrichten 4. 4. 1951
147 Thomas Bernhard, Die Ursache, S. 20

mörder stürzen. Doch das sind nur die spektakulären, groß aufgemachten Fälle. Die leisen und heimlichen, die sich still aus dem Leben machen, sind den Zeitungen meist nur einen müden Einspalter wert. Und weit mehr Personen machen in dieser Zeit ihrem Leben und Leiden durch Gas, Gift oder Strick denn durch einen Sturz ein Ende. Aus „Schwermut", heißt es zumeist, oder aus „Gemütsdepression", hätte sich der- oder diejenige umgebracht, auch ein „zerrütteter Nervenzustand" wird des öfteren genannt. *Der Samstag ist immer der Selbstmordtag gewesen* [148], ist B. überzeugt, wenn er an die Wochenenden in der Scherzhauserfeldsiedlung denkt.

„Die meisten Menschen sind an ihre und an irgendeine regelmäßige Arbeit, Beschäftigung gewöhnt, setzt sie aus, verlieren sie augenblicklich den Inhalt und das Bewußtsein und sind nichts weiter mehr als ein krankhafter Verzweiflungszustand."[149]

TABELLE 7: Selbstmorde 1949–1958

JAHR	SELBSTMORDE
1949	22
1950	31
1951	30
1952	35
1953	38
1954	34
1955	34
1956	34
1957	39
1958	25

Quelle: Statistische Jahrbücher der Stadt Salzburg

2. Kaugummi und Coca Cola – Die „Amis"

2.1. Leben mit der Besatzungsmacht

Zivilgekleidete Amerikaner erkenne man daran, daß sie himmelblaue Anzüge und himmelschreiende Krawatten tragen, ihre Füße auf den Tisch legen (anstatt sie zum Gehen zu verwenden) und wegen jeder Kleinigkeit das Auto in Betrieb setzen. Die Amerikanerinnen teile man in echte und unechte. Beide tragen zinnoberrote oder giftgrüne Mäntel, Schuhe mit Wolkenkratzerstökeln und im Winter tiefgekühlte Waden in Nylon. Die echten seien aus den USA. Die unechten kämen aus ganz Österreich und suchen

---

148 Thomas Bernhard, Der Keller, S. 78
149 ebda., S. 74f.

aus kommerziellen Grün-
den die Nähe der „boys".
So, kurz gefaßt, die gängige
Meinung vom äußeren Er-
scheinungsbild der seltsa-
men Spezies von jenseits
des Ozeans.[150]

Der zehn Jahre dauernde
Aufenthalt der amerikani-
schen Besatzungsmacht,
die Salzburg zu ihrem
österreichischen Haupt-
quartier machen, hinterläßt
in allen Bereichen tiefe
Spuren, die umso mehr auffallen, als die US-amerika-
nische Lebensweise und
Populärkultur in scharfem
Gegensatz stehen zu den
prägenden kaiserlich-ka-
tholisch - deutschnational-
faschistisch - nationalsozialistischen Einflüssen, denen Salzburg in den davor-
liegenden Jahrzehnten aus-
gesetzt war. Die Präsenz
der Amerikaner ist verbunden mit Hoffnung, Neid, Be-
wunderung und auch Ab-
lehnung.

Auf alle Fälle ist es von
Vorteil Englisch zu lernen,
was ab Ende August 1945 in
den „Salzburger Nachrich-

16 *Forty Second Street Café – das Café Tomaselli 1946*
(Foto: A. Madner © by A. Scope)

17 *Im Hotel Pitter 1946*
(Foto: A. Madner © by A. Scope)

ten" in 20 Lektionen angeboten wird. *Englisch für jedermann* heißt der Kurs,
der mit *Good morning Mr. Smith, how are you?* (Lautschrift *gut moning
mist(a) Smith!, hau ar ju?*, übersetzt *Guten Morgen, Herr Schmid, wie geht
es Ihnen?*)[151] beginnt.

In Salzburg ist die „Rainbow-Division" stationiert, deren Regenbogenfar-
ben alsbald auf Mauern und Hauswänden prangen. Die Präsenz der Ameri-

150 Josef Kaut, Salzburg von A–Z, S. 8f.
151 Salzburger Nachrichten 29. 8. 1945

kaner ist auch im Straßenbild unübersehbar. Sie sind zu Tausenden in Salzburg stationiert, sind bis zum Frühjahr 1952 verpflichtet, auch in ihrer Freizeit Uniform zu tragen, außerdem haben sie im Stadtzentrum zahlreiche Gebäude für ihre Zwecke beschlagnahmt. Das Amtsgebäude Mozartplatz 8–10 wird zum US-Hauptquartier umfunktioniert, das Café Tomaselli am Alten Markt heißt plötzlich Forty Second Street-Café und wird erst 1950 freigegeben, das Café Mozart in der Getreidegasse dient kurzzeitig als Offizierskasino, das Festspielhaus als „Roxy"-Revue- und Filmtheater, das Lifka-Kino als US-Truppenkino. 1945 werden auch noch andere Häuser zur Truppenbetreuung benutzt. Im Stiegl-Keller, eigentlich ein riesiger „Biertempel", wird mit der 15 Mann starken „Pinguin-Band" die Gründung des Klubs der Regenbogen-Division gefeiert, und im Landestheater wird das Musical „Glory Road" aufgeführt, das den Siegeszug der Rainbow-Division von ihrem Trainings-Camp in Oklahoma bis nach Salzburg zeigt. Als Mitwirkende dieser Musik-Revue treten unter anderem Marika Rökk und Starbariton Giuseppe Taddei auf.

Am Alten Markt wird ein der Besatzungsmacht vorbehaltener PX-Laden eröffnet, ein für Salzburger nur unter Schwierigkeiten erreichbares Konsumparadies. Neben Häusern und Privatwohnungen werden auch zahlreiche Hotels in der Innenstadt als Truppenquartier beschlagnahmt: so unter anderem die Salzburger Luxushotels „Österreichischer Hof" und „Bristol", die Hotels „Traube" und „Stein"; in letzterem ist die Militärpolizei untergebracht. In anderen Häusern werden amerikanische Bars eingerichtet, die sich „Sky Haven Garden" oder „Royal Roost" nennen. 1950 wird die US-Wohnsiedlung an der Münchner Bundesstraße errichtet, ein Jahr darauf am Stadtrand die riesige Kasernenanlage des Camp Roeder (heute Schwarzenbergkaserne) gebaut. In den Augen besorgter Salzburger erhielt die Stadt dadurch ein zunehmend amerikanisches Gesicht, das man anscheinend zwar den Einheimischen, nicht aber den Touristen zumuten durfte. Anders ist die Aussage von der Amerikanisierung des Stadtbildes nicht zu verstehen: *Salzburg [. . .] hat dadurch seit neun Jahren noch immer nicht einen rein österreichischen Charakter in den Augen der Zehntausenden von Besuchern, die jährlich die Schönheiten der alten Bischofsstadt bestaunen.*[152] Obwohl am Stadtrand das Camp Roeder liege, heißt es weiter, blieben die *amerikanisierten Objekte* in der Innenstadt bestehen.

Anfangs sind die Amerikaner als „big spender" herzlich willkommen. Besonders die Kinder haben schnell heraußen, den „Amis" alles mögliche abzubetteln. Sie stehen vor den US-Lokalen, vor dem PX-Laden und vor dem Roxy-Kino im Festspielhaus, zum Teil ausgerüstet mit leeren Schachteln, die sie den Soldaten hinhalten, und lernen, was ihnen die GIs zurufen: „Son of a

---

152 Salzburger Nachrichten 8. 5. 1954

gun!", „Go to hell!" und ähnliche Redewendungen werden von den Acht- bis Zehnjährigen in ihren Wortschatz aufgenommen, Wörter, die einem in den Englisch-Lektionen der „Salzburger Nachrichten" vorenthalten werden. Hildegard Scholz steigt ob dieses derart widerlichen Treibens *die Röte der Scham und des Zornes ins Gesicht*[153], wie sie in einem Leserbrief im Mai 1946 versichert. Und die Bundespolizeidirektion weist alle

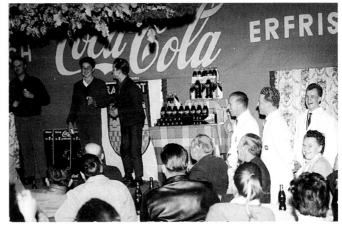

18 Der Salzburger Bevölkerung wird das amerikanische Lebenselixier Coca-Cola schmackhaft gemacht (1954) (Foto: GSG)

Erziehungsberechtigten auf eine Verordnung des Landeshauptmanns von 1923 hin, nach der es zu den Pflichten der Erziehungsberechtigten gehöre, die Heranwachsenden vor Verwahrlosung zu schützen. Vor allem der PX-Laden, der sich zunächst am Alten Markt, später in Glasenbach befindet, ist das Objekt der Begierde vieler Salzburger, ist doch in diesem Armee-Geschäft zu US-Preisen alles zu haben, was das Nachkriegsherz begehrt – allerdings nur für US-Armeeangehörige, sodaß man mancherlei Umwege beschreiten muß, die sehr oft über das weibliche Geschlecht ganz bestimmten Alters führen.

2.2. Die Amerikaner als Wirtschaftsfaktor

Auch sonst sind die Amerikaner in der „Landeshilfe" ausgesprochen aktiv: Ausspeisungsprogramme, Kinderhilfskationen, zahlreiche Aktivitäten im Kulturbereich, Geschenkaktionen für Jugendliche tragen zur allgemeinen Präsenz der Amis bei. Hier tritt besonders die Jugendabteilung der amerikanischen Besatzung mit Spiel- und Sportprogrammen, Jugendklubs und Weihnachtsparties in den Vordergrund. Einmal jährlich findet vor dem Festspielhaus ein von den Amerikanern organisiertes Trittrollerrennen für Kinder statt. 1950 wird mit US-Geldern je ein „Haus der Jugend" im Norden und Süden der Stadt eröffnet.

„In Itzling und an der Alpenstraße gibt es nun offiziell diese Tagesheime der AYA [American Youth Activities, Anm.], in denen österreichische Jugendliche ohne Unter-

---

153 Salzburger Nachrichten 26. 5. 1946

19/20 Die Salzburger Stieglbrauerei braute für die amerikanische Besatzungsmacht exklusiv ein eigenes Bier (Foto: Stieglbrauerei)

schied der Herkunft und Konfession aufgenommen werden. Einige hundert Acht- bis Achtzehnjährige in Itzling, über 1500 in der Alpenstraße können hier von von 13 bis 21 Uhr täglich zusammen lernen, spielen, Sport treiben, Basteln, was immer ihr Herz begehrt."[154]

Einige Monate darauf erfolgt die Eröffnung des AYA-Schwimmbades, das über Initiative der amerikanischen Jugendabteilung nach den neuesten Erfahrungen erbaut wurde: olympische Ausmaße, Zuschauertribüne, Sonnendecks, Sportgeräte, Buffet, Lautsprecher. Neben der Verteilung von Hilfsgütern entwickelt sich die Besatzungsmacht zum Großinvestor für die Salzburger Wirtschaft, etwa wenn es um den Bau von Wohnhäusern oder des Camp Roeder geht. Zwischen 1951 und 1955 wurden über 360 Millionen Schilling in den Wohnbau investiert, über 500 Millionen Schilling erfordert der Bau des Camp Roeder, wobei das Geld fast ausschließlich der österreichischen Bauwirtschaft zugute kommt. Am „pay day" der Soldaten und an den darauffolgenden Tagen herrscht sowohl für die GIs als auch für die Salzburger Gastronomie und manchmal auch für die Militärpolizei „high life": An den ersten vier Tagen eines Monats werden im Land Salzburg rund 7 Millionen Schilling gewechselt.

---

154 Salzburger Nachrichten 4. 2. 1950

Die Ausgaben der US-Armee im Jahr 1952 überstiegen sogar die Einnahmen aus dem Fremdenverkehr.

TABELLE 8: USFA-Ausgaben im Bundesland Salzburg 1952 in US-Dollar

Lohnauszahlungen	6,40 Mio
Umwechslungen	5,90 Mio
Bauten	11,50 Mio
Mieten	2,10 Mio
Lieferungen u. Wareneinkauf	1,58 Mio
Transporte	0,53 Mio
Verbindungs- u. Nachrichtendienst	0,53 Mio

Quelle: Salzburg – Kleinod von Österreich 1955

Von der Anwesenheit der US-Soldaten profitieren nicht nur zahlreiche Gastronomiestätten, von denen nicht wenige ausschließlich aufgrund der amerikanischen Präsenz überhaupt eröffnet werden, sondern auch gastronomische Zulieferbetriebe wie etwa die Salzburger Traditionsbrauerei Stiegl. Die Villa ihres Direktors ist zwar eines der von den Amerikanern beschlagnahmten Objekte, auf der anderen Seite beliefert diese Brauerei jahrelang die US-Besatzungsmacht in Österreich mit ihrem Bier. Eigene Etiketten weisen das „Pilsener Beer, Brewed and Bottled at the Stiegl Brauerei Salzburg" als amerikanisches Besatzungsbier mit gewohnt hoher Stammwürze aus, während die einheimische Bevölkerung bis 1949 zunächst ein 2,5grädiges Dünnbier, später ein Bier mit 7,5° Stammwürze vorgesetzt bekommt. Die Rohstoffe für das „Ami-Bier" werden direkt aus den USA geliefert. Mit der Gründung der „Salzburger Getränke-Industrie" 1954 und der Abfüllung des amerikanischen Lebenselixiers Coca-Cola schafft sich die Stieglbrauerei in Zeiten der „Amerikanisierung" des täglichen Lebens ein zweites Standbein. Bereits im ersten Produktionsjahr werden 100.000 Kisten dieses braunen Wundersaftes an durstige Salzburger ausgeliefert.

Der Abzug der Amerikaner nach Abschluß des Staatsvertrages bedeutet für die Salzburger Wirtschaft ein Loch von 650 Millionen Schilling oder 15 Prozent des Wirtschaftsvolumens. Nicht nur die gewerblichen Betriebe verlieren einen potentiellen Auftraggeber, viele österreichische Zivilangestellte müssen sich um einen neuen Arbeitgeber schauen. Sorgen um ihre Zukunft machen sich Ende 1955 auch 22 Espressi, 31 Weinstuben und 14 Bars, die vornehmlich von US-Soldaten plus Anhang aufgesucht wurden. Auch die Taxiunternehmer klagten: Da die Hälfte des Einkommens die Amerikaner sicherten, sei ein allgemeines Taxisterben zu erwarten.

2.3. „Camp followers"

Von Beginn an wird der amerikanische Soldat auch als der gute reiche Onkel, gute reiche Boy oder einfach gute reiche Mensch angesehen, dessen Bekanntschaft oder Menschenfreundlichkeit oder Gutmütigkeit zum eigenen Vorteil sein könnte. Geld, Lebensmittel, Bekleidung, Genußmittel, all das besitzt der Amerikaner, was man selbst nicht besitzt. Auf die Frage, was er mit der Besatzungsmacht eigentlich verbinde, antwortet 1950 ein Zwölfjähriger in dieser Reihenfolge: Das ist die MP; die mit den Mädchen gehen; was wir essen.[155]

Die mit den Mädchen gehen. Die Anziehungskraft der „boys" und der damit verbundenen materiellen Vorteile wirkt auf viele „Fräulein" unwiderstehlich. Das Phänomen und Problem der sogenannten „camp followers" zieht sich durch die gesamte Besatzungszeit. „Ami-Bräute", „Ami-Schlampen", „Chocoladies" und „Geheimflitscherl" nennt man jene Damen, die mit dem schnellen Bekanntschaftswechsel von amerikanischen Herren ihren Lebensunterhalt bestreiten. All die Bills, Jimmies und Johnnies können dank ihrer Finanzkraft und ihres Zutritts in die PX-Läden ihre Bräute mit Geld, Wäsche und Parfum beglücken. B. sind etliche dieser Fräulein während seiner Zeit in Karl Podlahas Keller in der Scherzhauserfeldsiedlung untergekommen, Mädchen, die sich wie chinesische Puppen anmalten und in den hohen Stöckelschuhen einen frechen und gleichzeitig komischen Gang hatten.[156]

„Die halbwüchsigen Mädchen hielten es Tag und Nacht mit den Amerikanern. Die Amerikaner überhäuften ihre Mädchen aus der Siedlung mit Schokolade und mit Nylonstrümpfen und Nylonblusen und mit dem ganzen, plötzlich mit ihnen in Europa hereingebrochenen Luxusunrat. [. . .] Die Familien, die ein Mädchen hatten, trieben es, wenn es schon nicht von selber wollte, zu den Amerikanern, ich erinnere mich an die sogenannte Regenbogendivision, die in Salzburg stationiert gewesen war, hatten für einige Zeit ausgesorgt und waren angefeindet von den anderen, die kein solches Glück hatten."[157]

Nach groben Schätzungen befinden sich immer mehrere hundert junge Frauen in Salzburg und Umgebung, die ihr Glück bei den GIs suchen. Pünktlich zu Dienstschluß warten die anschlußsuchenden Mädchen vor den Toren der verschiedenen Militärgebäude und an strategisch günstigen Punkten auf ihre Freunde aus Übersee. Im Hintergrund- und Zustandsbericht *Salzburger Herbstimpressionen* geht B. auf dieses Thema wieder ein

---

155 Salzburger Nachrichten 4. 2. 1950
156 Thomas Bernhard, Der Keller, S. 99
157 ebda., S. 99/100

und gestattet dem Zeitungsleser Einblick in die anrüchige Welt rund um die Riedenburgkaserne und die Kreuzung Siezenheimer Straße.

„Hier spielt sich nämlich – wer es noch nicht wissen sollte – das Salzburger Nachtleben ab. Der Broadway ist nichts dagegen. [. . .] Das ‚Haarlem' von Salzburg, könnte man sagen. Vor dem Zuckerlgeschäft gegenüber der Feuerwehrzeugstätte feiert die ‚Liebe' Orgien, die sogenannte Nylon- und Perlonliebe. Es sollen auch schon richtige Kaufhäuser in dem nächtlichen Bezirk errichtet worden sein, die ‚Liebe' in großen Mengen abstoßen, in unglaublichen Quanten zu gangbaren Preisen."[158]

1950 werden über 500 Frauen wegen Geheimprostitution festgenommen, 1952, wo dem „Fräuleinunwesen" der Kampf angesagt wurde, erfolgen über 900 Festnahmen. Ein Teil der Frauen wird aus Salzburg abgeschoben. Andere erhalten, obwohl ihnen selten ein Delikt nachzuweisen ist, 14 Tage Arrestsrafe. Von Mai 1945 bis Ende 1951 werden im Polizeigefangenenhaus exakt 8.143 „Girls" gezählt.

Viele der „camp followers", *die wie die Motten zum Licht in unsere Stadt strömen*[159], sind nicht aus Salzburg, sondern reisen aus dem gesamten österreichischen Bundesgebiet an. In den Inseratenspalten der Zeitungen finden sich unter der Rubrik „Wohnungsmarkt" die typischen Annoncen „Amerikanerbraut sucht . . .". Haus- und Wohnungseigentümer zunächst in der Nähe der amerikanischen Militärobjekte als auch im gesamten Stadtgebiet machen blendende Geschäfte. Die Frauen zahlen für ein Zimmer monatlich zwischen 300 und 1.000 Schilling, und dürfen für diesen Preis Herren mit aufs Zimmer nehmen. Andere vermieten ihre Zimmer stundenweise und kassieren pro Besuch 15 bis 20 Schilling. Profiteur dieser Liaisonen ist natürlich auch die Gastronomie, die sich teilweise auf den amerikanischen Geschmack eingestellt hat. Besonders nach dem „pay day" Anfang des Monats sind *die einschlägigen Wirtschaften entsprechend mit Soldaten und ihrem Anhang überfüllt.*[160]

Das Problem der „camp followers" wird im Jahr 1951 schließlich als derart drückend angesehen, daß sich im September des Jahres die Salzburger Polizei und die US-Militärverwaltung entschließen, gemeinsam aktiv zu werden. In den PX-Läden dürfen Damenwaren nur mehr von verheirateten Soldaten erstanden werden, die bereits registrierten Damen müssen Salzburg binnen acht Tagen verlassen. Mit diesen Maßnahmen erhofft man sich einen Rückgang des Fräuleinstromes. Die Damen selbst nehmen es größtenteils gelassen. Kitty aus Niederösterreich: *I geh einfach nach Wels. Dort find i mir schon wieda an Ami, bei dem i wohnen kann. Hauns mi von durt a aussi,*

---

158 Th. B., Salzburger Herbstimpressionen. In: Demokratisches Volksblatt 17. 11. 1953
159 Salzburger Nachrichten 11. 9. 1951
160 Salzburger Nachrichten 4. 3. 1953

geh i halt wied [!] zruck nach Salzburg.[161] Margie aus Wien vermutet, daß
hinter der Aktion das WAC, das amerikanische Frauenhilfskorps, steht, *weil
die Ami mit uns liaba gehn, drum wollns uns jetzt einfach furtschickn, damit
sie sich endlich an Gschamster finden.*[162] Mehrere Razzien folgen im September und Oktober in amtsbekannten Häusern in der Siedlung „Neue Heimat"
im Stadtteil Aiglhof und im Alpenlager.

Nur wenige Monate später, mit Beginn des Jahres 1952, herrschen wieder
die gewohnten Zustände, mehr noch, die Zahl der Fräulein ist groß wie nie
zuvor. Die Errichtung des Camp Roeder am Stadtrand, und die damit verbundene Vergrößerung der Garnison fördert auch das Ansteigen der leichten Damenwelt. Wer in Siedlungshäusern, Wohnblocks oder Bauernhäu-
sern kein Quartier findet, begnügt sich mit Notunterkünften in Baracken,
Heustadeln und angeblich auch in Ställen. Aus diesem Grund sei ein zusätzliches Wohnungsproblem entstanden. In einer Enquete der Landesregierung zum Problem „Besatzungsbräute" im April 1952 werden drastische
Maßnahmen gefordert: 1. rigoroseste Razzien durch die Polizei und Heran-
ziehung des Geschlechtskrankengesetzes, 2. Maßnahmen vom Standpunkt
der Jugendwohlfahrt für Jugendliche bis zum 19. Lebensjahr, und 3. ein
behördliches Einschreiten gegen die Quartiergeber.

B. berichtet in seiner Funktion als Gerichtsreporter mehrmals über
„Fräulein"-Schicksale vor dem Einzelrichter. Hier wiedergegeben am Beispiel „Elisabeth".

„Elisabeth kam herein. ‚Bin ich hier richtig?' fragt sie. ‚Ja, ja', versicherte der
Einzelrichter und bedeutet der jungen ‚Dame' näher zu kommen. Sie kam näher.
Blond, wie sie war, stellte sie sich keck vor die Schranken des Gerichtes. Sie hatte seit
1945 ohne Aufenthaltsgenehmigung in Österreich gelebt und war hier alle Monate in
ein anderes Appartements [!] übersiedelt. ‚Warum sind Sie eigentlich von Wels nach
Elsbethen gefahren?' wurde sie gefragt. Entrüstet hob sie den Kopf. ‚Warum? Ich habe
dort eine größere Wohnung bekommen. Die in Wels war mir zu klein . . .' Der
Staatsanwalt dachte nach. ‚Aber Sie wußten, daß neben Elsbethen das Camp Truscott
ist'?! Sie überlegte. ‚Ja, eigentlich schon. [!] ‚Aha, dort haben Sie einen boy-friend,
nicht?' fragte LGR. Dr. Löbel die errötende Elisabeth. ‚Einen Amerikaner hab ich dort
. . . aber . . .' ‚Na also', meinte der Vorsitzende, und verurteilte das schöne Fräulein
mit den roten Krallen und dem aufdringlichen Parfum zu drei Wochen strengen
Arrestes bedingt. – Nachher mußte man die Fenster öffnen."[163]

Die US-Behörden erklären im Sommer 1952 von sich aus 15 Häuser, deren
Zimmer hauptsächlich an Soldatenbekanntschaften suchende Frauen ver-
mietet sind, „off limits" für amerikanisches Personal. An den Haustüren

161 Salzburger Nachrichten 22. 9. 1951
162 ebda.
163 Sie brauchte eine größere Wohnung . . . In: Demokratisches Volksblatt 16. 5. 1952

werden Schilder mit der Aufschrift „Off limits to all military and allied personal. By order of the commanding general" angebracht. Gleichzeitig werden Adresse und Vermieter der Häuser, die nahe der US-Kasernen in den Salzburger Umgebungsgemeinden Wals und Glasenbach stehen, in der Zeitung veröffentlicht.[164] Als bei 15 veröffentlichten Adressen Nachschau gehalten wird, stellt sich aber heraus, daß nur eine einzige Adresse übrigblieb, die *man als „Privatbordell" bezeichnen könnte.*[165] In den restlichen 14 Häusern wohnen entweder mit Amerikanern verlobte und verheiratete Frauen, die (amerikanische) Familie eines Oberstleutnants und in einem Haus, wo GIs ein- und ausgehen, reinigt *die Hausbesitzerin für die Soldaten die Wäsche und diese kamen sie immer abholen.*[166]

Salzburgs Bürgermeister Stanislaus Pacher ist sich zwar der Ernsthaftigkeit der Situation bewußt, gibt aber gleichzeitig zu bedenken, daß die Anwesenheit der „Fräulein" *gewissermaßen ein Sicherheitsventil darstelle*[167], dessen sich auch die amerikanischen Behörden bewußt seien.

Neben der allgemeinen moralisch-sittlichen Frage, mit der Behörden und Bevölkerung konfrontiert waren, ergaben sich darüber hinaus noch andere Probleme. 1952 werden im Zusammenhang mit den „girls" 124 Fälle von Geschlechtskrankheit festgestellt, ein Viertel der in Salzburg registrierten 523 Fälle. Ein weiteres Problem ist der Diebstahl von Geld und Wertgegenständen durch die „Fräulein". Immer wieder erwachen die GIs nach der Liebesnacht im Hotelzimmer und finden weder das „Fräulein" noch ihre Brieftasche. Die Verhandlungen wegen Geheimprostitution und Diebstahl sind Legende. Gerichtsreporter B. berichtet mehrere Male von derartigen Fällen: Sechs Monate Kerker für Notburga M., unter amerikanischen Insiderkreisen „The Burgl" genannt, wegen Diebstahls am US-Soldat Jimmy;[168] Freispruch für die Polin Kaya, der ein Diebstahl der Brieftasche des US-Offiziers C. nicht nachgewiesen werden kann;[169] acht Monate Kerker für Rosa S. wegen Diebstahls der Brieftasche des *edlen Negers* Lucius.[170]

Ein spezielles Problem bilden die durch die zwischenmenschlichen Kontakte verursachten ungewollten Schwangerschaften. Anfang 1954 ist in der Stadt Salzburg die Existenz von 851 Besatzungskindern bekannt, in den zehn Jahren der Besatzungszeit kommen in Stadt und Land Salzburg 1.743 uneheliche Kinder von Besatzungssoldaten zur Welt. 335 Kinder werden adoptiert bzw. durch nachfolgende Eheschließung legitimiert. In den mei-

---

164 Demokratisches Volksblatt 6. 8. 1952
165 Salzburger Nachrichten 11. 8. 1952
166 ebda.
167 Salzburger Nachrichten 23. 4. 1952
168 Leichtes Mädchen schwer bestraft. In: Demokratisches Volksblatt 5. 7. 1952
169 „Liebe" um 30 Dollar. In: Demokratisches Volksblatt 27. 3. 1952
170 „So etwas war noch nicht da!" In: Demokratisches Volksblatt 14. 8. 1953

sten Fällen ist der Vater der Kinder aber nicht eruierbar, da den Müttern selten mehr als der Vorname ihres einstigen Liebhabers einfällt. Nach dem Abzug der Amerikaner bleiben in der Stadt etwa 500 Besatzungskinder zurück, von denen rund 300 von der öffentlichen Fürsorge unterstützt werden müssen.

Die „Neger" der US-Besatzung stellen eine besondere Facette im Zusammenleben mit der Zivilbevölkerung dar. Bei den „Fräulein" gelten die farbigen GIs als besonders spendabel, die Bevölkerung beäugt sie eher mißtrauisch als fremdartige Wesen mit fremdartiger Mentalität und fremdartiger Hautfarbe. Rassistische Bemerkungen auch in den Medien sind gang und gäbe.

In einer Villa neben der Riedenburgkaserne ist der sogenannte „Negerklub" untergebracht, der vornehmlich von farbigen GIs aufgesucht wird. Auch hier halten sich mit Vorliebe die „girls" auf. Im Februar 1953 kommt es hier nächtens zu einer regelrechten Straßenschlacht, als die Salzburger Polizei gemeinsam mit der amerikanischen Militärpolizei eine Razzia durchführt. Eine mehrhundertköpfige Menschenmenge beobachtet die Vorgänge, *die mit Zustimmung und Wohlgefallen die Arbeit der Polizei zur Kenntnis nahm.*[171] 25 Frauen werden festgenommen, woraufhin etwa 200 GIs die Militärpolizei angreifen und ihr eine Straßenschlacht liefern, bis durch laufende Verstärkung, Tränengas und Holzknüppel *die entfesselte Meute zur Raison*[172] gebracht wird.

1952 häufen sich Übergriffe durch US-Soldaten sowohl auf die Zivilbevölkerung als auch auf Touristen, wobei der „Auftritt" farbiger Soldaten besonders betont wird. Überfälle mit Fäusten und Tränengas veranlassen die „Salzburger Nachrichten", die schwarzen GIs kollektiv anzugreifen.

„Wenn die amerikanische Armee auf Negertruppen nicht verzichten und diese Negertruppe sich wiederum ihre Kongo-Mentalität nicht abgewöhnen kann, so möge man die uniformierten Buschklepper überall zwischen den beiden Polen, nur nicht im alten Europa auslassen."[173]

Der amerikanische Hochkommissar legt aufgrund dieses generalisierenden Artikels offiziellen Protest beim österreichischen Bundeskanzler Leopold Figl und Salzburgs Landeshauptmann Josef Klaus ein. Das US-Headquarter kündigt Besserungsaktionen, Erziehungsprogramme und rigorose Bestrafung für randalierende GIs an.

---

171 Salzburger Nachrichten 10. 2. 1953
172 ebda.
173 Salzburger Nachrichten 2. 7. 1952

2.4. Kulturelle Aktivitäten

Gleich nach ihrem Einmarsch versuchen die Amerikaner, die Entnazifizierung und Demokratisierung im Sinn haben, eine bewußte Beeinflussung, indem sie Salzburg mit einem medialen und kulturellen Programm überziehen. Die Amerikaner gründen bereits im Juni 1945 die Tageszeitung „Salzburger Nachrichten", die im Oktober in österreichische Hände übergeben wird, betreiben den Radiosender „Rot-Weiß-Rot", der sich, amerikanischen Programmstrukturen angepaßt, zum beliebtesten Sender in Österreich entwickelt. Alle Einfluß-, Informations- und Propagandafäden laufen beim ISB zusammen, Kürzel für „Information Services Branch". Der Historiker Reinhold Wagnleitner bezeichnet den ISB als *eine Art kulturelle Public-Relationsagentur zur Förderung der politischen Ziele der USA.*[174] Fast alle amerikanischen Aktivitäten in den Bereichen Literatur, Film, Theater, Wissenschaft, Presse, Musik usw. werden über den ISB abgewickelt. Am 4. August 1945 wird im Haus Alter Markt 12 vom ISB das „U.S. Information Center" eröffnet, später einfach „Amerikahaus" genannt.

„Alle, die Interesse an den Vereinigten Staaten haben, alle Fachleute, Mitglieder wissenschaftlicher Gesellschaften, Künstler, Ärzte usw., die irgendeine Auskunft haben wollen, mögen sich an dieses Büro mit ihren Fragen wenden. Sie werden bereitwilligst Aufklärung erhalten. [...] Es gibt keine Frage, die dem Anfragenden nicht beantwortet werden kann, Rückfragen im Zentralbüro in USA werden mithelfen."[175]

heißt es eindringlich und etwas holprig in einer Augustausgabe der „Salzburger Nachrichten". 1946 hat das Information Center Montag bis Samstag von 9 bis 21 Uhr geöffnet, Sonntag von 11 bis 18 Uhr. Die Räumlichkeiten entwickeln sich für die Salzburger rasch zu einem beliebten Treffpunkt und Aufenthaltsort, erstens als Wärmestube in der kalten Jahreszeit, zum zweiten aber als Zentrum wissenshungriger Menschen. 1947 umfaßt die Handbücherei 1.000, die Leihbibliothek zirka 2.800 Titel, im allgemeinen Leseraum liegen 200 verschiedene Zeitschriften auf.

In der ersten Hälfte der fünfziger Jahre zählt das Amerikahaus in Salzburg zu den populärsten amerikanischen Einrichtungen in Österreich. Allein von Jänner bis August 1950 werden über 300.000 Besucher gezählt. In Hinblick auf diese Erfolgszahlen meint der Direktor des Hauses, daß es das Information Center ruhig mit dem benachbarten Café Tomaselli aufnehmen könne. 15.700 eingeschriebene Mitglieder meldet das Information Center für Okto-

---

174 Reinhold Wagnleitner, Der kulturelle Einfluß der amerikanischen Besatzung in Salzburg. In: Salzburg und das Werden der Zweiten Republik. VI. Landes-Symposion am 4. Mai 1985. Schriftenreihe des Landespressebüros, Serie „Salzburg Diskussionen" Nr. 7. Salzburg 1985, S. 47
175 Salzburger Nachrichten 4. 8. 1945

21 *U.S. Information Center – das „Amerikahaus" am Alten Markt*
(Foto: A. Madner © by A. Scope)

ber 1953, zu einer Zeit, da auch B. hier ein- und ausgeht, sei es als interessierter Privatmann oder als Kulturberichterstatter seiner Zeitung. 1.000 bis 1.300 tägliche Besucher und Leser weist 1953 das Amerikahaus auf, *das heute aus dem Salzburger Kulturleben kaum mehr wegzudenken ist.*[176] Monatlich werden hier zehn bis zwölf Vorträge, Schauspiele, Konzerte, Filmabende, Schallplatten-Programme und Diskussionsveranstaltungen abgehalten.

Helene Thimig las amerikanische Dichter[177] titelt B. seinen ersten Bericht über eine Veranstaltung des Amerikahauses. Die Lesung findet am 29. November 1952 *vor einer zahlreich erschienenen Zuhörerschaft* im Wiener Saal des Mozarteums statt. Vorgetragen werden Passagen aus den Werken von William Faulkner und Thornton Wilder, zum Abschluß singen die „Presbyterianer Chorsänger" *in echter Ohio-Art.* Einige Tage darauf kommentiert B. einen vom Amerikahaus organisierten und im Mozarteum veranstalteten Singabend, an dem der Salzburger Volksliedchor unter Sepp Dengg und ein amerikanischer Soldatenchor Weihnachtslieder zum besten geben.

Eine Veranstaltungsstätte des Amerikahauses ist das St. Peter-Studio, von dem B. sichtlich angetan ist. *Im übrigen sind die vom Amerikahaus veranstalteten Leseabende im St.-Peter-Studio immer ein helles Vergnügen*[178], das auch vom Schauspielseminar des Mozarteums genutzt wird.

Auch im Saal des Amerikahauses werden Vortragsabende gehalten, über amerikanische Literatur, Thomas Wolfe, Tennessee Williams, Truman Capote, B. findet an solchen Abenden meist ein *gewohntes und interessiertes Publikum*[179] vor. Im Bericht über einen Leseabend mit Werken von William Saroyan, James Thurber und Mark Twain vom November 1953 ist B. bereits auf seiner eigenen literarischen Fährte: Mit einer der vorgetragenen Geschichten bleibt Saroyan *für uns immer noch über dem großen Wasser, James*

176 Salzburg – Kleinod von Österreich. 10 Jahre Aufbau 1945–1955. Salzburg 1955, S. 291
177 Th. B., Helene Thimig las amerikanische Dichter. In: Demokratisches Volksblatt 2. 12. 1952
178 Th. B., William Saroyans Kurzgeschichten. In: Demokratisches Volksblatt 29. 4. 1953
179 Th. B., James Thurbers Kurzgeschichten. In: Demokratisches Volksblatt 6. 6. 1953

Thurber ist so zusammengeschüttelt wie die Amerikaner alle, und *Mark Twains „Adams Tagebuch" zu lesen, war ein Fehlgriff.*[180] Dem jüngsten der Vortragenden gibt B. gleich einen Rat mit auf den Weg: *ein wenig flüssiger und mehr Draufgängerei,* der Vortragssaal ist ihm zu hell: *ein abgedunkelter Raum würde weit mehr Stimmung schaffen,* zeigt aber ironisches Verständnis für die offensichtliche Erhellung: *Oder bangt man um eine Reihe Bücher?* Trotzdem, ein versöhnlicher Schluß, nämlich *ein gelungener Abend des Amerikahauses.*[181] Als eine der herausragenden Leseaufführungen im Amerikahaus hebt B. die Komödie „Ah Wilderness" von Eugene O'Neill heraus, gegeben im Februar 1954, *die eine der besten war, die bisher gebracht wurden.*[182]

Im August 1954 wird das Amerikahaus vom Alten Markt in das Haus Ecke Münzgasse-Griesgasse übersiedelt und schließt 1963 seine Pforten.

2.5. 1955

Die Besatzungstruppen werden das Land verlassen, Österreich seine immerwährende Neutralität beschließen. Die Auflösung der amerikanischen Präsenz beginnt in Salzburg im Sommer 1955. PX-Läden, amerikanische Schulen und Spitäler werden aufgelassen. Zunächst reisen die Angehörigen der Soldaten zurück in die USA, mehrheitlich per Schiff über den italienischen Hafen Livorno. Einer der ersten Großtransporte von Familienangehörigen nach Livorno Anfang Juli werden auf dem Hauptbahnhof von der amerikanischen Militärkapelle und einem Salzburger Bläsertrio verabschiedet. Überschußgüter wie Kühlschränke, Polstersessel, Tische, Betten etc. werden von den Amerikanern vor Ort verkauft. Per 15. August werden die österreichischen Angestellten der US-Army gekündigt. Das US-Hauptquartier registriert einen gewaltigen Anstieg von Heiratsgesuchen, allein in der ersten Junihälfte werden 147 Gesuche eingereicht, die eine Heirat mit einer Österreicherin betreffen.

Am 25. Oktober schließlich stattet der „letzte Ami" General William H. Nutter dem Landeshauptmann und dem Bürgermeister der Stadt seinen Abschiedsbesuch ab. *Wenig später verließ der letzte Besatzungssoldat an der bayrischen* [!] *Grenze unser Land.*[183] Zur Erleichterung des Touristenverkehrs wird den amerikanischen Soldaten in Zivil die Einreise lediglich mit einem militärischen Ausweis und einem Urlaubsschein gestattet. Der Titel

---

180 Th. B., Kurzgeschichten aus Amerika. In: Demokratisches Volksblatt 12. 11. 1953
181 ebda.
182 Th. B., O'Neill im Amerikahaus. In: Demokratisches Volksblatt 27. 2. 1954
183 Salzburger Nachrichten 26. 10. 1955

dieses Abschiedsartikels in den „Salzburger Nachrichten" ist eindeutig: *Auf Wiedersehen – als Touristen!*[184]

Die Amis sind gegangen, geblieben sind die Versatzstücke der amerikanischen Massenkulturindustrie: amerikanische Filme, Blue Jeans, Kaugummi, Coca-Cola, Jazz, amerikanische Leinwand- und Musikhelden als neue Idole, Juke-Box, Comics, amerikanische Lässigkeit, eben die fünfziger Jahre, wie sie allgemein als typisch angesehen werden.

3. Nach der Arbeit in die Freizeit

Der Stellenwert der sogenannten Freizeit, d. h. arbeitsfreien Zeit, die nicht mit Schlafen, Essen, Anziehen und ähnlichem besetzt ist, hat in den fünfziger Jahren nicht jenes Übermaß an Bedeutung wie in der bereits so definierten „Freizeitgesellschaft" der Gegenwart. Die Arbeitszeit beträgt 48 Stunden in der Woche, das Einkommen ist im Verhältnis gering, das Angebot begrenzt, dem Aktionsradius sind aufgrund eines noch nicht in Masse existierenden Individualverkehrs Grenzen gesetzt.

Besuchen wir wieder unsere vierköpfige Arbeiterfamilie. Wie die meisten Familien in der 100.000-Einwohner-Stadt besitzt sie keinen eigenen Pkw, von denen 1952 in der Stadt gerade 2.000 zugelassen sind. Von den 2.000 Schilling, welche die Familie pro Monat benötigt, um halbwegs über die Runden zu kommen, sind 80 bis 90 Schilling für Bildung und Unterhaltung reserviert, das sind nicht ganz 3 Schilling pro Tag. Für diese 3 Schilling erhält man $\frac{1}{2}$ Liter Bier oder 3 Tageszeitungen oder $1\frac{1}{2}$ Kinokarten. Keine Rede von Mountainbiking und Paragleiten, Surfen und Rafting, Drachenfliegen, Wochenendspritztour, „Fernsehritis" oder Skitag in Obertauern. Vielmehr engagiert man sich im Sportverein, geht ins Kino, in den Biergarten, in das Stammlokal (nicht zu oft) und auf den Fußballplatz, okkupiert zur Sommerszeit das Plateau des sich vor den Stadttoren erhebenden Gaisbergs, geht baden, oder man bleibt daheim und tut einfach . . . nichts. Der starke Besuch öffentlicher Veranstaltungen und das Dabeisein an kontinuierlich wiederkehrenden Festivitäten heben die Menschen über ihren Alltag hinaus.

---

184 ebda.

3.1. Im Kinosaal

„Die Salzburger sind eifrige Kinobesucher. [. . .] Jedes Kino hat seine Stammgäste, die kommen, gleichgültig ob eine Liebesromanze oder ein Kriminalreißer gespielt wird. Es gibt sogar, besonders in den kleineren Kinos der Vorstadt, Besucher, die an einem bestimmten Tag auf einen bestimmten Sitz kommen, und wenn sie ausbleiben, müssen sie gestorben sein."[185]

Man mag diese kleine Geschichte glauben oder nicht, auf jeden Fall veranschaulicht sie die fast intime Verbundenheit der Menschen zum Medium Kino. Scharenweise strömen die Salzburger in eines der neun Kinos, die in den frühen fünfziger Jahren das ihre zur Unterhaltung beitragen, die amerikanische Krimi- und Westernstreifen zeigen, mit österreichischen und deutschen Heimatfilmen und Unterhaltungsfilmchen das Publikum entzücken und durch Wochenschauen auf dem laufenden hält. 1952 lösen 3,4 Millionen Besucher eine Kinokarte. Anfang 1956 ist auch das ehemalige amerikanische Truppenkino „Lifka" wieder für die zivile Allgemeinheit zugänglich. Nach einer etwas älteren Umfrage (1948) sahen fast die Hälfte der Salzburger am liebsten österreichische Filme, an den nächsten Stellen folgten amerikanische und englische Filme mit 12 und 11,7 Prozent.

Sein einziges Vergnügen war in letzter Zeit, wie er sagt, der Besuch des Nonstopkinos – weils eben nicht teuer ist.[186] Wer das sagte, war ein 29jähriger schwerkriegsbeschädigter Volksdeutscher aus dem Banat, der nach nur einmonatiger Spieldauer als 100.000. Besucher des Nonstop-Kinos begrüßt wurde und 300 Schilling in die Hand gedrückt erhielt. Und weil er seinen Beruf als Friseur aufgrund der Kriegsverletzung nicht mehr ausüben konnte, wurde dem Mann gleich eine Stelle im Kino eingeräumt, wo er dann als Sitzkontrollor seinen Dienst tat. So brachte manchem das Kino auch in persönlicher Hinsicht Glück. Das Nonstop-Kino beginnt seine Spielzeit mit Ende April 1949 und ist von 8 Uhr früh bis 23 Uhr in der Nacht geöffnet. Das einstündige Programm, in dem mehrere Filme gezeigt werden, kostet 1 Schilling, die Sitze sind *soweit schräg angebracht, daß selbst der in den vordersten Reihen Sitzende nicht Genickstarre bekommt.*[187]

Insgesamt verfügt die Stadt in den fünfziger Jahren über 4.467 Kinositzplätze. Der Kinoboom dauert bis zum Ende des Jahrzehnts an, als noch zwei weitere Lichtspielhäuser ihre Pforten öffnen. Ein geplantes zweites Nonstop-Kino beim Hauptbahnhof wird nicht mehr verwirklicht. Der damals kleinräumigere Aktionsradius sichert die Existenz der fünf Vorstadtkinos.

---

185 Josef Kaut, Salzburg von A–Z, S. 143
186 Salzburger Nachrichten 2. 6. 1949
187 Salzburger Nachrichten 2. 5. 1949

Die großen Filmtheater der Stadt setzen auf Qualitätsverbesserung. 1954 werden drei Häuser, das Elmo-Kino, das Kino Maxglan und das Stadtkino für Cinemascope-Filme und mit einer Breitleinwand ausgestattet, *die den Besucher in die Handlung hineinzieht. Von gleicher Wichtigkeit ist die Tatsache, daß das Bild auf der Leinwand von jedem Platz aus kristallklar zu sehen ist. Damit wird zum ersten Male in der Geschichte des Films ein Sitzplatz so gut sein wie der andere.*[188] Größtes und attraktivstes Kino Salzburgs ist das 1950 eröffnete Stadtkino auf dem Platz des durch Bomben zerstörten städtischen Museums. Es bietet Sitzplätze für 903 Besucher und wurde gegen den heftigen Widerstand der Salzburger Kinobesitzer errichtet.

Welche Filme gibt es, sagen wir im November 1953, um den Preis von 5,50 Schilling pro Kinokarte für die Salzburger zu sehen? Der Kino-Veranstaltungskalender gibt darüber konkrete Auskunft:

Nonstop-Kino: drei Kurzfilme und die neuesten Wochenschauen;

Elmo-Kino: „Beiderseits der Rollbahn". *Der 1. authent. Film über den 2. Weltkrieg mit bisher unveröffentl. Aufnahmen amerikanischer, russischer und deutscher Kriegsberichterstatter; Jugendfrei!*

Lichtspielhaus Maxglan: „Gold in Neuguinea". *Ein Film von verwegenen Abenteurern im Land der Kopfjäger! Jugendverbot!*

Stadtkino: „Sprung in den Tod". *Großeinsatz des FBI gegen den gefährlichsten Gangster aller Zeiten.*

Mozart-Kino: „Pünktchen und Anton". *Ein Film für jung und alt und alle die das Herz auf dem rechten Fleck haben. Jeder 1000. Besucher bekommt während der ganzen Laufzeit des Films ein Buch gratis.*

Kamerlichtspiele Mirabell: *Mario Lanza, der große Caruso-Nachfolger, in dem Farbfilm:* „Mein Herz singt nur für dich". *Jugendfrei!*

Lichtspiele Gnigl: „Drei Fremdenlegionäre". *Dieser spannende Film zeigt die aufregenden Erlebnisse dreier Brüder, die vor einer bitteren Vergangenheit in die französische Fremdenlegion flüchten. Jugendverbot!*

Kino Itzling: „Die zweite Mutter". *Ein zu Herzen gehender Film über die reifende Jugend und ihre erste Liebe.* Jugendfrei![189]

Von März 1953 bis April 1954 ist der freie Zeitungs-Mitarbeiter B. auch als Filmrezensent tätig. In dieser Zeit bespricht er für das „Demokratische Volksblatt" 32 Filme. Hier schlägt der 22jährige durchwegs kritische Töne an, nur selten findet ein Film Gnade unter seinen Augen, Parallelen zum späteren Schaffen sind bereits unverkennbar. „Gold in Neuguinea" zum Beispiel, jener *Farbfilm in Technicolor*[190], der im Lichtspielhaus Maxglan lief, wird in Bs. Besprechung zum absurden Leinwandspektakel.

---

188 Salzburger Nachrichten 8. 9. 1954
189 Demokratisches Volksblatt 2. 11. 1953
190 ebda.

„[. . .] Wildeste, für die Leinwand von einem routinierten Regisseur zugerichtete Figuren erscheinen auf der dickfarbigen Bildfläche und stoßen wildes, blutrünstiges Geschrei aus. Daß die Kopfjäger ihre Giftpfeile losschießen, wirkt nervenaufreibend. Ein Film, bei dem der Anfang zugleich auch das Ende ist."[191]

B. geizt im Besprechungsmetier nicht mit dreisten Formulierungen: Im Streifen „Trommeln der Wildnis" sei von Wildnis nichts zu sehen, *eine Anzahl (scheinbar) schöner Frauen flimmern vorüber, es wird geschossen, schlecht getanzt und Wein getrunken – und alles innerhalb einer öden, zum Gähnen anregenden „Handlung".*[192] Bei Franz Antels „Kaiserwalzer" (*Geschmacklosigkeit*) schätzt er sich froh, daß *Johann Strauß selbst dieses Vergnügen entgangen (ist), sich als weinseliger Jüngling mit Wasseraugen auf der Leinwand zu sehen.*[193] Geradezu entsetzt zeigt sich B. vom Film „Auf der grünen Wiese", hier *blüht ein derartiger Unsinn, daß man sich an den Kopf greifen muß. Was die Wien-Film da aneinandergeklebt hat, spottet jeder Beschreibung.*[194] Würde in dem Film „Lavendel", in dem die andauernden Witze auf die Nerven gehen, *nicht Erni Mangold, die Hochbegabte, eine wirklich schauspielerische Leistung in diesen saftlosen Unsinn legen, wäre jedes Wort überflüssig.*[195] Und schließlich „Die süßesten Früchte", *ein (leider) österreichischer Film [. . .]. Dieser geschmacklose Mischmasch, der sich in uralten schlechten Witzen erschöpft, kann selbst dem standhaftesten Kinobesucher den Saft hochgehen lassen.*[196] Wenige Filme nur, die im Urteil des B. (fast) ungeteilte Zustimmung finden. Den deutschen Streifen „Man nennt es Liebe" mit Winnie Markus und Curd Jürgens nennt B. *einen guten Durchschnitts-Unterhaltungsfilm* [197] und beim Lustspiel „Hokuspokus" *aber kam eine wirkliche Filmkomödie zustande.*[198] Selten läßt sich B. positiv über einen Hollywood-Film aus, bei „Meuterei am Schlangenfluß" mit James Stewart und Rock Hudson gefallen ihm die *herrlichen Aufnahmen von den Weiten des überseeischen Kontinents* [199], und „Goldfieber in Alaska" ist *ein durchaus respektabler Goldgräber-Film des Metro Goldwyn-Mayer mit Clark Gable und Loretta Young.*[200] Lieblingsfilm dieser Jahre dürfte für B. „Carrie" gewesen sein, *die Geschichte eines großen Menschenschicksals und wunderbaren Liebe, die so wirklich und so ergreifend, so fern von allem Klischee, von den Machwerken der*

---

191 -ard, „Gold in Neuguinea". In: Demokratisches Volksblatt 2. 11. 1953
192 Th. B., „Trommeln der Wildnis". In: Demokratisches Volksblatt 16. 9. 1953
193 Th. B., „Kaiserwalzer". In: Demokratisches Volksblatt 21. 9. 1953
194 -ard, „Auf der grünen Wiese". In: Demokratisches Volksblatt 2. 12. 1953
195 -ard, „Lavendel". In: Demokratisches Volksblatt 19. 12. 1953
196 Th. B., „Die süßesten Früchte". In: Demokratisches Volksblatt 12. 4. 1954
197 Ard., „Man nennt es Liebe". In: Demokratisches Volksblatt 5. 10. 1953
198 Th. B., „Hokuspokus". In: Demokratisches Volksblatt 8. 10. 1953
199 Ard., „Meuterei am Schlangenfluß". In: Demokratisches Volksblatt 14. 10. 1953
200 Ard., „Goldfieber in Alaska". In: Demokratisches Volksblatt 5. 11. 1953

Vergangenheit lebt.[201] Vor dem Farmermädchen Carrie (Jennifer Jones) tut sich die millionengesichtige Einsamkeit in den Straßen der Konservenstadt Chicago auf. Mit George (Laurence Olivier) beginnt sie ein neues Leben, *das alle Stationen eines wahrhaftigen Lebens durchmacht, alle Höhen und alle Tiefen, das in der Wohlgeborgenheit beginnt und zum einen Teil im Abgrund endet, aber das letzten Endes groß an sich selbst ist und triumphiert.*[202]

3.2. „Müllner Festspiele" und Café-Bar

Ende der vierziger Jahre rückt auch die Gastronomie, nicht zuletzt aufgrund des zaghaft einsetzenden Tourismus, nach Jahren des Mangels und der Provisorien ins öffentliche Interesse. In der Stadt dominieren das Bild die alteingesessenen Wirtshäuser, von denen es (1955) nicht weniger als 264 in allen möglichen Ausstattungen und Größen gibt. Dazu kommen noch 7 Barbetriebe, 16 Espresso-Café-Betriebe, 31 Weinstuben und Buffetbetriebe, dazu noch einige Mostschänker und Ausspeiser.

Im Jahr 1950 kostet in einem „gut-bürgerlichen" Lokal eine Nudelsuppe S 2,60, ein Wiener Schnitzel S 6,– und eine Sachertorte S 4,–. Eine Essigwurst ist für S 2,50, das Paar Frankfurter für S 3,50 zu haben. Am teuersten kommt mit S 15,– ein halbes Backhendl mit Kartoffeln und Salat.

In der Unterhaltungsgastronomie spielt das „Grand Café" Winkler auf dem Mönchsberg die erste Geige in Salzburg. Es wird 1947 anstelle der durch Bomben beschädigten Restauration „Elektrischer Aufzug" errichtet. Eine Traumlage, bequeme Erreichbarkeit durch den Mönchsbergaufzug, ein Tanzparkett im Freien und ein ständig wechselndes Musikprogramm machen das Winkler nicht zu einem Ort für jedermann, aber zum internationalen Treffpunkt und zu einem Ort, wo man gewesen sein muß. Im Winkler ist (während der Saison) immer etwas los: Im Konzert-Café und auf den Terrassen spielen Rudi Regen und sein Wiener Künstler-Orchester, in der Tanzbar gibt Albert Baldsiefen mit seinen Solisten sein Bestes, oder es spielen das Tanzorchester Charles Steinhardt und die drei Melodies. Allein das erste Saisonwochenende Ende April 1950 brachte *dem in frühlingshaftem „make up" glänzenden Grand-Café 8000 Besucher.*[203] Hier haben auch Skandale und Skandälchen ihren festen Platz, etwa wenn *ein nacktes Mädchen nach der gesetzlichen Sperrstunde vor animierten Gästen*[204] tanzt, was zu einem sich lang hinziehenden Gerichtsverfahren führt. Im Frühjahr 1951 eröffnet ein komplett umgebautes Winkler, das mit 1.200 Sitzplätzen in den

---

201 Th. B., „Carrie". In: Demokratisches Volksblatt 16. 9. 1953
202 ebda.
203 Salzburger Nachrichten 2. 5. 1950
204 Salzburger Nachrichten 27. 10. 1950

Innenräumen und 1.500 auf den Terrassen aufwarten kann. Die neue Bar „Tabaris", freut sich die Presse, sei eine Illusion aus Glas, Velour und Wasser (letzteres wegen des Springbrunnens). Das „Winkler" erweist sich zu jener Zeit sowohl für die Wirtschaft als auch für den Fremdenverkehr als unentbehrlich. In der Hochsaison erreicht der Betrieb einen Personalstand von 120 Mitarbeitern. *Die Preise der offenen Getränke, ob es sich nun um Konsumation am hölzernen Gartensessel oder im schweren Plüschfauteuil handelt, wurden zwischen S 3,80 und S 10,– festgesetzt*[205] (1953).

Ende der vierziger Jahre rückt die Gastronomie nicht nur ins öffentliche Interesse, in Salzburg wird auch ein neuer Lokaltyp geboren: das Café-Espresso oder die Café-Bar. Die weite Welt, die US-Soldaten und die jüngere Generation amüsieren sich besser im leichteren, luftigeren Typus Café-Espresso als in tradi-

22 *Eröffnung der Bar im Hofwirt* (Foto: A. Madner © by A. Scope)

23 *Salzburgs gastronomisches Paradeunternehmen, das Grand Café Winkler auf dem Mönchsberg* (Foto: AStS)

tionellen Gaststätten mit schwerer Biertischatmosphäre. Eines der ersten Lokale dieser Art ist der „Cocktail Club", *eine kleine moderne Luxusbar* im Keller eines aus dem 14. Jahrhundert stammenden Hauses am Giselakai, in der *das gotische Grundelement mit der Sprache des modernen Expressionismus*[206] verbunden wurde. Der „Cocktail Club" entwickelt sich rasch zum

205 Demokratisches Volksblatt 3. 7. 1953
206 Salzburger Nachrichten 6. 8. 1949

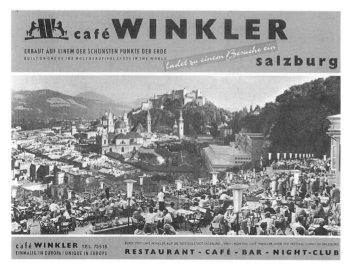

beliebten Lokal für wohlha-
bende Salzburger, erlesene
Touristen sowie für US-Soldaten mit ihrem Anhang.

Das war erst der Anfang.
Eine Welle von Neueröff-
nungen bricht in den Jah-
ren zwischen 1950 und
1953 über Salzburg herein.
Das „Winkler-Espresso" im
Stadtkino (das nachmalige
„Café 21"), wo *bester Mok-
ka* auf „Gaggia", Italiens
bester und größter Kaffee-
maschine, erzeugt wird,
gibt sich überzeugt, *mo-
dernstes und schönstes „Es-
presso" in Österreich*[207] zu
sein. So werden das „Papa-
geno" in der Kaigasse, eine
*Existenzialistenbude par ex-
cellence*[208], das „Dixie-Es-
presso" in der Rainerstraße
*(bestens eingerichtete Toilet-
teanlagen sind das, was
dem Besucher gleich zu Beginn angenehm auffällt)*[209]
und das „Capriccio" *(extra-
vagante Note)*[210] in der Im-
bergstraße aus der Taufe
gehoben. Letzteres ist von
8.00 Uhr früh bis 3.00 Uhr
früh geöffnet. Das „Kleine Buffet" des Karl Steinhart vis-à-vis dem Landestheater ist ein *Treffpunkt der Künstler während der Festspiele*, von dem ein
Pariser Gast sagte, das Lokal erinnere ihn an die Café-Bars von Saint-
Germain-de-Prés.[211] 1951 entsteht im Keller des Café „Posthof" in der
Kaigasse ein Nachtespresso *(Wer in Salzburg einmal eine Nacht „durchdreh-
te", wußte, daß dann, wenn er nirgends mehr Einlaß bekommen konnte,*

207 Salzburger Nachrichten 4. 1. 1951
208 Salzburger Nachrichten 2. 6. 1951
209 Salzburger Nachrichten 19. 2. 1951
210 Salzburger Nachrichten 20. 8. 1951
211 Salzburger Nachrichten 22. 8. 1950

immer noch das Nachtespresso im „Posthof" offen war).[212] Nur wenige Eta-
blissements haben die Jahrzehnte bis in die Gegenwart halbwegs unbe-
schadet überstanden, eines davon ist das Café „Wernbacher"; damals als
„gediegen", „modern" und „mit groß angelegter Linienführung" beschrieben, erweist sich das „Wernbacher" in der Gegenwart als eine Art Nostal-
gie-Lokal, bei dem eines so geblieben ist wie in den fünfziger Jahren: *seine
besondere Atmosphäre.*[213]

Über die Gastronomie ist bei B. wenig nachzulesen. Er erwähnt sie kaum
in den autobiographischen Texten, und seine Zeitungsbeiträge gehen eigentlich überhaupt nicht auf dieses Thema ein. Bs. bereits damals sehr
ausgeprägte Neigung, über Außenseiterfiguren zu schreiben, erfuhr in dieser Umgebung, so scheint es, zu wenig substanziellen Stoff.

Doch gibt es in Salzburg eine Lokalität, der sich B. mit innigem Interesse
schriftlich annähert. Es ist das „Augustiner-Bräustübl", wobei der Diminu-
tiv „-stübl" eine krasse Untertreibung darstellt. Für die Einheimischen ist
diese Biergaststätte daher das „Müllner Bräu". Dieser Anfang des 20. Jahrhunderts großzügig für mehrere tausend Gäste ausgebaute Biertempel im
früheren Augustinerkloster Mülln mit angeschlossener Brauerei bedeutet
für Freunde der Gastronomiekultur ein Muß – damals, heute, und auch in
Zukunft. *Hier trifft sich das Volk, hier offenbart es die Seele*[214], stellt B.
punktum fest.

Das Müllner Bräu wurde 1944 kriegsbedingt geschlossen und diente nach
dem Krieg als Durchgangslager für nach Palästina bzw. Israel auswandern-
de Juden. In dem weitläufigen Klosterkomplex befand sich unter anderem
auch eine Berufsschule für jüdische Jugendliche. Nach der Lagerauflösung
und Gebäuderenovierung öffnet das Müllner Bräu am 4. Juni 1949, einem
Pfingstsamstag, wieder seine Pforten.

„Wir laden ein, nach langer Pause
Zum Stelldichein, zu einer Jause
Mit Wurst, Kas, Radi, Müllnerbier
Wo jeder trifft an jeden hier
Willkommen sind uns alle Gäste
Auf Wiederseh'n – beim Anstichfeste."[215]

In diesem Zusammenhang ist das Jahr 1949 für viele Salzburger auch
deshalb von Interesse, als des Salzburgers Nationalgetränk, das Bier, mit
12° Stammwürze wieder in Friedensqualität konsumiert werden kann. *Das*

212 Salzburger Nachrichten 2. 8. 1951
213 Salzburger Nachrichten 20. 2. 1952
214 Thomas Bernhard, Das Augustiner-Bräustübl. In: Josef Kaut, Salzburg von A–Z, S. 75/76, hier
    S. 76
215 Salzburger Nachrichten 4. 6. 1949

Zwölfgrädige ist wieder da![216] jubelt Salzburgs Presse ob dieses Fortschritts auf dem Nahrungsmittelsektor.

B. nennt das, was sich hier Tag für Tag und Liter für Liter abspielt, *die Müllner „Festspiele"*, wo nicht ohne Andacht und inneres Glück die nie erlahmenden Hände nach den Maßkrügen greifen, diese fachmännisch am Brunnen ausschwemmen und an der Schenke von einem stark strapazierten Mann anfüllen lassen.[217]

„Die elegantesten Damen übergehen hier alle gesellschaftlichen Formen (wenn sie auch über sich selbst staunen), die Herren der Schöpfung feiern ,den Tag des Herrn', und gehen aller Orten in Wetten ein. Ein Gejauchze und Gejohle, Gelache und Getratsche geht hier um, man stülpt die Hemdärmeln auf, entfernt Krawatten und sonstige ekelhafte Verschnürungen, legt die Arme auf den Tisch, und umklammert selig das abgekühlte Steingut, um es ab und zu um gut neunzig Grad zu neigen."[218]

Nie bleibt es hier bei einer „Halben" oder bei einer „Maß". Das „Müllner Bräu" ist kein Ort, an dem nur genippt wird, man kommt hierher, um zu trinken, das Wort Quantität spielt hier die Hauptrolle, *es rinnt das Bier ununterbrochen wie im Schlaraffenland.*[219] B. nimmt am Gelage teil und teilt uns die Entwicklung eines Nachmittags mit.

„Du sitzest da, kann man nur sagen, fühlst dich wohl und staunst. [. . .] Hast du das erste Drittel der Menage genossen, so lehne dich frei weg nach Vorne. Geniere dich nicht, wir alle sind hier ,unter uns'. Du wirst bald merken, aller ,Pflanz' hat aufgehört. Ist dir dein Kopf auch schwer – nicht, weil du denkst – nur, weil du trinkst, so lasse ihn ruhig fallen, wohin er fallen mag. Wahrscheinlich bist du nicht allein."[220]

Neben diesem klassischen Biertempel und den wie Schwammerl aus dem Boden wachsenden Café-Bars und Grill-Buffets versuchen sich einige Gastronomen im Speziellen. Bereits 1948 wird für den eiligen Gast ein Selbstbedienungsrestaurant eröffnet, in dem das Essen nur stehend eingenommen werden kann. Kurze Zeit bietet auch ein „Automatenbuffet" seine Dienste an, das jedoch bald in eine „Espresso-Bar" mit „Grill-Room" unmfunktioniert wird. Zwei Milchbars stellen *vom bescheidenen Milchgetränk bis zum raffinierten Frappee und Shake* alles her, was den Gaumen von Feinschmeckern entzücken kann.[221] Des einen Freud, des anderen Leid. „Gestörte Nachtruhe" nennt sich ein Walt-Disney-Zeichentrickfilm, der im Juli 1953 im Kino läuft. Am Tag der

---

216 Salzburger Nachrichten 31. 8. 1949
217 Th. B., Die Müllner „Festspiele". In: Demokratisches Volksblatt 16. 8. 1952
218 ebda.
219 Thomas Bernhard, Das Augustiner-Bräustübl. In: Josef Kaut, Salzburg von A–Z, S. 76
220 ebda., S. 76
221 Salzburger Nachrichten 26. 7. 1951

Ankündigung findet sich auf derselben Zeitungsseite ein Leserbrief, in dem F. H. die allnächtliche Ruhestörung in der Gegend Lasserstraße-Paracelsusstraße beklagt. Der nächtliche Lärm der Zecher ist eines jener Themen, die immer wieder beanstandet werden. Zwei dieser *Gassen des Lärmes* [222] sind die Judengasse und die Linzer Gasse, beide im Zentrum gelegen und mit mehreren Lokalen gesegnet. Die Judengasse zeichnet sich aus als *der beliebteste Austragungsort nächtlicher Meinungsverschiedenheiten aller Art für unsere Bachusjünger* [223], während in der Linzer Gasse *bis in die frühesten Morgenstunden Geschrei und Lärm (hallt), Angeheiterte und Betrunkene sich in der Sangeskunst üben* und *irgendeine „Schöne" mit ihrem Freund aus dem Goldenen Westen noch ihren letzten Liebeshandel auf offener Straße austrägt.* [224] In der eingangs erwähnten Gegend Lasserstraße-Paracelsusstraße ist es ein Weinlokal, das als Quelle des Lärms ausgemacht wird, wo *nachts Gläser und Flaschen klirren, Frauen kreischen und Songs aus dem Wilden Westen ertönen.* [225] Daß hier keine Abhilfe geschaffen wird, liegt vermutlich daran, so F. H., daß gewisse Herren der Polizeidirektion in dieser Weinstube ihren Durst stillen.

Seit 1950 kann Salzburg auch mit einem Spielcasino aufwarten, wie es bereits in der Zwischenkriegszeit eine Spielbank gegeben hat, die aber 1938 vom NS-Regime geschlossen wurde. Das neue Casino, das im Juli 1950 in den Räumlichkeiten der Barock-Bar eröffnet wird, verfügt über drei Roulette- und zwei Baccara-Tische. Der Höchsteinsatz ist mit 5.000 Schilling limitiert, alles geht lautlos und ohne tragische Verwicklungen ab. Das Spielcasino, das im Laufe der fünfziger Jahren noch öfter einen Ortswechsel vornehmen wird, ist ausschließlich eine Einrichtung für das anspruchsvolle ausländische Publikum. *Es ist im Sommer der nächtliche Treffpunkt der mondänen Fremden.* [226] Einheimische Spieler findet man keine hier. Die ansässige Bevölkerung des Gerichtsbezirks Salzburg ist gesetzlich von der Teilnahme am Spielbetrieb ausgeschlossen.

Für eine spezielle Salzburger Zielgruppe, nämlich für die Hausfrauen, dient der Hausfrauen-Nachmittag im „Casanova". Das „Casanova" ist das einzige Nachtlokal mit Kabaretteinlagen in Salzburg, ein Varietélokal mit einem Fassungsvermögen von 300 Personen, *das ein leichtes Abendprogramm bietet.* [227] Die Hausfrauen-Nachmittage werden teils vom Lokal selbst, teils von verschiedenen Institutionen wie dem Sender „Rot-Weiß-Rot" oder Tageszeitungen organisiert. Ein bunt durchmischtes Varietéprogramm soll *unsere Hausfrauen, die „guten und allseits geplagten Geister der*

---

222 Salzburger Nachrichten 16. 9. 1948
223 ebda.
224 Salzburger Nachrichten 14. 7. 1951
225 Demokratisches Volksblatt 28. 7. 1953
226 Josef Kaut, Salzburg von A–Z, S. 244
227 Josef Kaut, Salzburg von A–Z, S. 210

Familie" einmal für ganze zwei Stunden die Welt vergessen lassen.[228] Akro-
baten, Tänzer, Bühnenkomiker, Stimmenimitatoren (*von den Geburtslauten
der Simmentaler Milchkühe* [...] *bis zum Douglas-Bomber in 5000 Meter
Höhe*)[229], Maxi Böhm, Elfriede Ott und Ernst Waldbrunn geben ihr Programm bei Bohnenkaffee mit Schlagobers *auch für Hausfrauen mit schma-
ler Brieftasche*[230] zum besten.

Insgesamt gesehen jedoch ist Salzburg außerhalb der Festspielzeit und
Sommersaison eine stille Stadt. *Die Salzburger sind zwar durchaus gesellige
Leute,* heißt es von kompetenter Seite, *aber sie kommen in privaten Gesellschaften oder an Stammtischen zusammen, so daß der Großstädter auf der
Suche nach nächtlichen Vergnügungen kaum auf seine Rechnung kommen
wird.* Und, Fremder, aufgepaßt: *Im übrigen, des Nachts zu schlafen ist durchaus angenehm und empfehlenswert.*[231]

Bereits im Kapitel „Kaugummi und Coca-Cola" wird kurz angesprochen,
daß sich viele Espressi, Weinstuben und Bars, die vornehmlich von US-Soldaten plus Anhang aufgesucht wurden, Ende 1955 Sorgen um ihre Zukunft
machen. Diese Lokale haben mit dem Abzug der „Amis" in der Tat einen
erheblichen Publikumsschwund und damit finanzielle Einbußen zu bekla-
gen. Umstellen, heißt nun die Devise für diverse Gastronomen, und: Anpas-
sung an den Geschmack des heimischen Publikums, *das eher jene Gasthäu-
ser und Cafés vorzieht, die zum längeren Verweilen einladen.*[232] Der Begriff
des Espressos, heißt es, habe sich im Salzburg von 1955 eben noch immer
nicht restlos durchgesetzt.

3.3. An der frischen Luft

Freizeitaktivitäten mit Erholungswert scheitern meist weniger an der finanziellen Situation als an der Verfügbarkeit der Mittel. Das Freibad am Leo-
poldskroner Weiher war von einer Fliegerbombe getroffen worden und
wurde nach dem Krieg nicht mehr wiedererrichtet. 1950 präsentiert sich
das Bad völlig verwahrlost, am Ufer prangt eine Tafel mit der Aufschrift
„Baden verboten". Es fehlt an Badeanlagen, es fehlt ein Hallenschwimm-
bad, und es mangelt *an einer geräumigen und repräsentativen Ausstellungs-
halle, die auch als Versammlungshalle und für sportliche Darbietungen (Bo-
xen, Ringen, Eislaufen usw.) verwendbar wäre.*[233] Freizeitaktivität ist die
aktive und passive Beteiligung an Sportveranstaltungen. Freizeitaktivität in

---

228 Demokratisches Volksblatt 30. 1. 1953
229 ebda.
230 ebda.
231 Josef Kaut, Salzburg von A–Z, S. 210
232 Salzburger Nachrichten 16. 11. 1955
233 Salzburger Nachrichten 9. 8. 1950

der warmen Jahreszeit, das heißt, baden gehen und Ausflüge machen, im Winter werden Skier und Schlitten ausgepackt.

Seit Ende des Krieges stand neben einigen kleinen Moorbädern im Süden der Stadt mit dem „Volksgartenbad" nur eine einzige Badeanstalt zur Verfügung. Noch im 19. Jahrhundert gebaut und später erweitert, bevölkern es in den Jahren 1951 bis 1955 je nach Wetterlage zwischen 80.000 und 150.000 Badegäste pro Saison. Seit 1950 ist auch das mit amerikanischen Mitteln errichtete „AYA-Schwimmbad" in der Alpenstraße verfügbar. Ansonsten strömen die Menschen an Hitzetagen mit den Fahrrädern zu einem der „Autobahnseen" (ehemalige Schottergruben) im Norden und Süden der Stadt oder planschen ringsum in einem der der Salzach zulaufenden Bäche. Das Vorhaben, auf dem Plateau des Rainberges inmitten der Stadt ein modernes Schwimmbad mit Sonnenterrassen zu errichten, geht über das Planungsstadium nicht hinaus. Die brennheißen Julitage des Jahres 1952 veranlassen B., über die Aktivitäten der Salzburger bei 35 Grad Celsius im Schatten zu schreiben.

„[...] und dann treibt es ihn schon per Stahlroß durch die Maxglaner-Hauptstraße hinaus zum Autobahnsee. Was er da auf der flüssig gewordenen Teerfläche findet, sind leidverzerrte Gesichter, die gleich ihm, tiefgebückt und demutsvoll dem Naß entgegenpilgern. [...] Draußen, zwischen den Eisbuden geschäftstüchtiger Leute kommt dann die Erlösung. Rasch das Hemd vom Leib gerissen, die Hose ,entzogen', zum Trocknen aufgehängt und durch prall-glänzende Männer- und Frauenbuckel gehts ins Wasser. Da gibts ein Schwelgen zwischen Fleisch und Wasser, ein Schlucken und Lispeln, Augen auf- und zuschlagen, daß es eine wahre Freude – war [...].“[234]

Weiter draußen, in Salzburgs Umgebung, 15 bis 20 Kilometer von der Stadt entfernt, locken einladend die Seen: Obertrumersee, Mattsee, Wallersee. Sportliche Naturen mühen sich an den Wochenenden auf schweren Waffenrädern hinaus, dem Straßenzustand mißtrauend mit Pickzeug bewaffnet. Bequemer ist die Fahrt mit der Ischlerbahn zum Wolfgangsee oder mit dem Personenzug zum Wallersee, der auf seinem Nordufer von der Westbahn umfahren wird. An der Haltestelle „Wallersee" entströmen dann badefreudige Städter dem Triebwagen, der an sonnigen Tagen völlig überfüllt ist. Auch Meister B., Kindheitserinnerungen einfangend, schlägt seinen Lesern vor:

„Man mache sich also auf den Weg zum Wallersee, der die schönste Gelegenheit bietet, sich zu erfrischen. Man segelt in kleinen Booten und freut oder ärgert sich – je nach Temperament – über allzu entblößte, grazienhaft dahinschwebende weibliche Wesen.“[235]

---

234 Th. B., Keine Witze bei der Hitze. In: Demokratisches Volksblatt 15. 7. 1952
235 Th. B., Hochsommerliches Henndorf. In: Demokratisches Volksblatt 9. 7. 1952

Bleibt an den sogenannten Hundstagen noch die bereits eingangs erwähnte
Aktivität „man bleibt daheim und tut einfach … nichts", was heißen soll,
man liest, schaut aus dem Fenster, döst. Oder agiert wie Herr und Frau
Mayer, mit B. nachbarschaftlich in der Radetzkystraße verbunden und von
ihm schriftlich verewigt. Alltagsszenario Salzburg in den heißen Julitagen
des Jahres 1952:

„In unserem Maxglaner Garten steht zwischen schattenspendenden Stachelbeer-
sträuchern eine Zinkbadewanne. Herr Mayer vom ersten Stock liegt drinnen, und
spielt mit seinen ins Blaue ragenden Zehen. Frau Mayer sitzt unter ihrem Regen-
schirm und macht ein grimmiges gesicht, weil sie sich der vielen Fliegen nicht
erwehren kann. ‚Raus' schreit sie plötzlich, springt auf und zieht, da sich der Inhalt
in der Badewanne nicht rührt, an dessen nassen Haaren. ‚Raus' kommt es noch ein
paarmal, bis schließlich der aufgelöste, weibliche Teil die Oberhand gewinnt und in
die kaum freigemachte Badewanne plumpst. ‚So, daß du's weißt, eine Stunde bin ich
jetzt drinnen!'"[236]

Der Mangel an öffentlichen Erholungsanlagen drückt sich einmal durch
eine Frageorgie in einem Zeitungsartikel aus:

„Wo sollen die vielen tausend Kinder spielen, wo sind die Sandkästen und Plansch-
becken, wie man sie in Wien in den Grünanlagen zu hunderten findet? Wo soll ein
arbeitender Mensch, der in der Unrast des Tages ein halbes Stündchen im Grünen
auf einer Bank ausruhen und Luft schnappen will, hingehen?"[237]

Wer länger Zeit hat als ein „halbes Stündchen", ersteigt einen der Stadt„berge", am beliebtesten weil am erschlossensten ist der Mönchsberg mit seinen
Wiesen und Wäldchen, mit seinen Bankerln und Wirtshäusern. Hier wiegen
die Mütter ihre Kinder ein und machen *ihnen etwas Schönes vom Leben
vor*[238], hier spielen die Buben Fußball.

„Dem Liebespärchen vertreibt ein ‚Radione' in Kleinformat die lange, unendliche Zeit
auf dem grünen Berg. Es gibt auch Männer, die dieses Apparatchen mittragen, sich
unter die Bäume setzen und einem Fußballmatch lauschen …

Familien liegen auf dem Mönchsberg, mit Kind und Kegel. Die Frauen hört man
zanken, während die Männer schlafen und die Kinder nach Mäusen suchen."[239]

An den Wochenenden wandern viele Salzburger hinaus, auf die Berge und
Hügel der Umgebung. Die Anreise erfolgt mit dem Personenzug, die Stationen im Süden lauten Hallein, Konkordiahütte, Golling-Abtenau und Werfen,

236 Th. B., Keine Witze bei der Hitze. In: Demokratisches Volksblatt 15. 7. 1952
237 Salzburger Nachrichten 9. 8. 1950
238 Thomas Bernhard, Guter, alter Mönchsberg. In: Demokratisches Volksblatt 13. 7. 1953
239 ebda.

von man Berggasthöfe, Alpenvereinshütten, Wasserfälle und Gipfel zum Ziel nimmt. Den nördlichen Flachgau erreicht der Ausflügler mit der „Roten Elektrischen", der Lokalbahn der Salzburger Verkehrsbetriebe. In Oberndorf mit seiner bayerischen Zwillingsstadt Laufen kehrt man im Gasthof der Brauerei Noppinger ein, *wo man Wein kriegt und Käse und Wurst und Bier*[240], wie B. „Eine kleine Reise" nach Oberndorf beschließt.

Keine Erhebung in Stadtnähe aber wird häufiger aufgesucht als der Gaisberg, der Hausberg Salzburgs. Von 1887 bis 1928 war dieser Plateauberg durch eine Zahnradbahn erschlossen, seither ist er über eine Fahrstraße erreichbar, die bis zum Gipfel führt. Auf zahlreichen Fahr- und Wanderwegen gelangt der Wanderer hinauf, vorbei an mehreren Einkehrgasthöfen, viele ersteigen den Berg über die Trasse der alten Zahnradbahn. Mit der Eröffnung des Gaisbergliftes wird 1954 eine zusätzliche Aufstiegsattraktion ihrer Bestimmung übergeben. Der Sessellift führt von der Talstation in Parsch bis zur Judenbergalm, die auf halbem Weg zum Gipfelplateau liegt. Im Winter wiederum dient der Gaisberg als beliebte Abfahrtsstrecke für Skifahrer und Rodler. Auch Pepperl, Sohn des bereits bekannten Ehepaares Maier, diesmal mit i, fährt mit dem Autobus bis zur Endstation Salzburg-Parsch und steigt von dort eineinhalb Stunden bis zur Zistlalm bergan.

„Vor lauter ‚Gipfelstürmer' sieht man kaum mehr ein Fleckerl, wo niemand draufsitzt oder darüberrutscht. Massen strömen jetzt täglich auf den Gaisberg, Mann und Frau und Kind und Kegel, und dabei haben die meisten davon immer die Gas- und Lichtrechnung im Kopf, anstatt den Schnee. [. . .] Nachdem sie oben genug ‚probiert' haben, beschließen Susi und Pepperl die Abfahrt."[241]

Die Abfahrt dauert zehn Minuten, der Skiausflug ist wieder vorbei, der Autobus in die Stadt überfüllt, und stolz berichtet Pepperl der Susi beim Aussteigen: *I hab nix zahlt*".[242] Wer es nicht bis zum Gaisberg schafft, der besteigt den Mönchsberg und rutscht auf der „Paschkoffwiese", dem „Idiotenhügel", auf und ab.

Ausflug damals und Ausflug heute sind zweierlei, besonders was die pekuniäre Ausstattung und den Jausenumfang betrifft. Wagen wir zum Abschluß mit B. einen Blick in das Innere der damals von Wanderern und Skifahrern geschulterten Rucksäcke.

„Wer h a t , hat Wurst und Käse in seinem Rucksack – wer n i c h t hat, nimmt ein bisserl mehr Luft zum Schwarzbrot."[243]

240 Thomas Bernhard, Eine kleine Reise. In: Demokratisches Volksblatt 26. 6. 1953
241 Th. B., Alles fährt jetzt Ski! In: Demokratisches Volksblatt 16. 1. 1954
242 ebda.
243 ebda.

Wer hat, unternimmt hie und da auch mit einem der Autobusunternehmen eine Tagestour in die nähere und weitere Umgebung. Beliebt sind Fahrten über die Großglockner-Hochalpenstraße (Fahrpreis 80 Schilling im Jahr 1950) oder Ausflüge ins Salzkammergut (40 Schilling).

3.4. *Orgelpfeifen rauchen, Strumpfbänder reißen*

Immer gut besucht sind die im Jahreskreislauf wiederkehrenden Festivitäten: Silvester und Fasching oder die Salzburger Dult. Das Besondere erhält hier seinen adäquaten Stellenwert. Etwa Silvester: Tausende private Festlichkeiten werden begleitet von speziellen Silvesterprogrammen im Festspielhaus, Landestheater und praktisch allen Vergnügungslokalen, im Grand Café Winkler, Astoria, Savoy und im Cocktail Club, wo zum Jahreswechsel 1950/51 unter anderen auch Marika Rökk zu Gast ist. Viele Salzburger gehen zum Silvesterauftakt ins Kino, für gewöhnlich sind bereits Tage davor sämtliche Kinokarten vergriffen. Auf den Straßen herrscht bis in den späten Morgen hinein „reges Leben". Und, was zum Silvesterfest auch dazugehört, der erwachende Morgen sieht *die üblichen „Leichen" in der Stadt, deren letzte sich erst gegen Mittag vom Straßenbild zurückziehen.*[244]

Ähnlich ausgelassen geht es in der Faschingszeit zu, wo zum Beispiel 1951 an 80 verschiedenen Veranstaltungen über 100.000 Personen teilnehmen. Dabeisein ist alles, auch wenn viele Menschen zur Finanzierung ihrer Faschingsgaudi einen Teil ihrer Habe im Dorotheum versetzen müssen. Andererseits ist das Dorotheum ein idealer Ort, Faschingskostüme und Abendkleidung zu ersteigern. Bestens besuchte Veranstaltungen sind der „Alpiniaball", der „Ball in Hollywood" des Roten Kreuzes, das „Gschnasfest" der Adalbert-Stifter-Gemeinde, das Kostümfest der Liedertafel, weiters „Jägerball", „Ärzteball" und „Presseball". Bs. Erinnerungen an die lustige Faschingszeit sind in der Scherzhauserfeldsiedlung angesiedelt und beleuchten den mehr tragischen als komischen Versuch der Siedlungsbewohner, an dieser lustigsten Zeit des Jahres teilzuhaben.

„Im Fasching, am Faschingsdienstag, hatten sie ihren Höhepunkt: Sie hatten sich alle möglichen Larven gekauft und sogenannte lustige und schaurige Kleider geschneidert und rannten, als wären sie für diesen Tag wild geworden, in der Siedlung aufgebracht hin und her, und sie glaubten, man erkenne sie nicht, während man doch jeden von ihnen rasch erkannte."[245]

244 Salzburger Nachrichten 2. 1. 1951
245 Thomas Bernhard, Der Keller, S. 50

Ein Muß für jeden Salzburger bildet der Besuch der
sogenannten „Salzburger
Dult", einer jahrhunderte-
alten Traditionsveranstal-
tung, die sich als ein Mit-
telding aus Jahrmarkt,
Prater und Gewerbeschau
präsentiert. Erstmals nach
dem Krieg wird 1948 wie-
der eine Dult auf dem Ge-
lände des Volksgartens abgehalten. Die Anziehungs-
kraft der Dult wird durch
zahlreiche Eß- und Trink-
buden, -hallen und -zelte,
durch Berg- und Tal- und
Geisterbahn, durch Auto-

25 *Vergnügungspark Volksgarten 1947; ab 1948 findet hier alljährlich die
„Salzburger Dult" statt
(Foto: A. Madner © by A. Scope)*

drom, Schießbuden und Glückshafen garantiert. Der Ansturm ist enorm,
100.000 Besucher die Normalität. 1949 erhält Anna Lengfeldner als 100.000.
Besucher ein Paar Schuhe und einen Blumenstrauß überreicht. Das Zelt-
programm bestreiten jahrelang „D'Linzer Buam" mit einer Bühnenschau
vom Landler und Polka bis zum Samba.

Für B. ist die Dult das reine Schlaraffenland. Mit offenen Augen und
Ohren mischt er sich 1952 in die drängende und vergnügungssüchtige
Masse der Dultbesucher (Eintritt 2 Schilling, Kinder 50 Groschen), und
berichtet seinen Zeitungslesern streiflichtartig das hier von ihm wahrge-
nommene Geschehen. Durch seinen Erlebnisbericht erhält das Treiben auf
der Dult eine leicht absurde Note.

„Ein Phänomen ersten Ranges . . . die Kuh mit sechs Hax'n, vom tierärztlichen
Institut der Universität Wien voll anerkannt als das Wunder des Jahres . . . Die Kuh
der Welt, die Kuh mit zwei Eutern, für ganze zwei Schillinge . . .' Dreizehn Köpfe
drängen sich schnaubend zum Kassenstand und stolpern aufgeregt zum Wunder des
Jahres, das hinter dem schmutzigen Vorhang sein dürftiges Dasein fristet."[246]

Gleich neben „Caringas Tierreich" bietet *eine mysteriöse Stimme mit erho-
benen Händen und verschleiertem Gesicht hinter einem Vorhang* Astrologie
an, um die Ecke gibt die berühmte Hellseherin „Alpatikanostro" Audienz.
Die bunte Welt der Schausteller wird ergänzt durch Jokohama, das einzige
Lachkabinett der Welt mit Format, „*zahlen Sie an der Kasse, und lachen Sie*

---

246 Th. B., Auf der Dult. In: Demokratisches Volksblatt 16. 9. 1952

sich das Herz aus dem Leibe", und durch ein Aktmodell, an dem *„weltum-stürzende Experimente"*[247] stattfinden.

„Rasch werden ein Paar heiße Würstl in den frierenden Rachen geschoben, und dann erleben wir ‚die furchtbare Wirkung der Wasserstoffbombe, die aufregendste Nacht der Geschichte, die letzten Tage des Mahatma Gandhi, die Hochwasserkatastrophe in Italien, das schauerliche Innere einer Folterkammer in Spanien, Kapitän Carlsens furchtbaren Kampf um das nackte Leben . . .' Wir werden ‚sechs Jahre lebendig begraben', in das Gemach des ‚wildesten Menschen der Welt' geführt und . . . neben-bei um zwei Schilling erleichtert. [. . .] Orgelpfeifen rauchen, Strumpfbänder reißen, die Kinder bestaunen die Wucht ‚Der Faust des Luzifer' und balgen sich hinter den Ständen."[248]

Ähnlich deftige Auftritte sind beim Besuch der Auswahlkämpfe für die Europa-Mannschaft im Freistilringen im Juli 1953 garantiert. Das Spektakel im Volksgarten zieht täglich über 400 Zuschauer an, *nicht nur junge Leute sieht man – auch verschiedenste Salzburger Bürger, die mit ihren großen Wagen vorfahren.*[249] Hier wird der Volksseele freier Lauf gelassen. B. kann sich diesmal nicht genug wundern, wenn der Ring meist von weiblichen Zuschauern umlagert ist: *Was man da alles aus weiblichem Mund hören kann, ist kaum zu glauben.*[250]

„Nach dem Anpfiff stehen sich die Jünger dieses ‚Sports' gegenüber. Man umklammert sich in fleischiger Liebkosung und wirft sich fünf Meter in die Luft [. . .]. Man spuckt auch zuweilen und stößt klapperschlangenartige Zischlaute aus, hat man den Gegner endlich einmal zwischen die Beine geklemmt. Es gibt auch Fälle, wo dem Gegner das Blut aus den Ohren fließt und man dem am Boden Liegenden etwa zwanzigmal mit aller zur Verfügung stehenden Kraft auf die Brust oder ins Genick tritt, daß die abgehärteten Knochen krachen . . ."[251]

B. ist ehrlich irritiert über diese Art von Sport und Volksbelustigung, ver-wundert über den großen Zulauf von Publikum und entrüstet darüber, daß „so etwas" in Salzburg stattfinden kann. Zum Abschluß seiner Reportage bläst er, was selten ist, ins moralisierende Salzburg-Horn:

„Es ist charakteristisch, daß so etwas kurz vor Beginn der Festspiele sich in Salzburg abspielt. Und daß niemand etwas daran findet."[252]

---

247 ebda.
248 ebda.
249 Th. B., Freistil-Impressionen vom Volksgarten. In: Demokratisches Volksblatt 10. 7. 1953
250 ebda.
251 ebda.
252 ebda.

4. Haltet den Dieb – Kriminalität in den Vierzigern und Fünfzigern

Salzburg ist eine Stadt, die *nicht gerade als stark „kriminell" betrachtet wird*.[253] Dieser 1948 getätigten Feststellung wird allerdings gleich hinzugefügt, daß ungeachtet dessen ein psychisches Moment der Unsicherheit vorhanden sei. Die Zeitumstände der damaligen Jahre, insbesondere jener zwischen 1945 und 1950, lassen teilweise ganz andere Kriminalitätsmuster und -typen zutage treten als in der Gegenwart. *Das ganze Volk war im strengen Sinne im Grunde kriminell geworden, um überleben zu können*[254], schreibt B. in späteren Jahren von den damaligen Handlungen der Bevölkerung abseits des Gesetzesbuchstabens. Er bezieht sich hier nicht auf Mord, Totschlag, Raub und so weiter, sondern meint damit das Teilhaben an Schleichhandel, Schwarzmarkt und Schmuggelgeschäften. In den ersten Nachkriegsjahren liegt der Schwerpunkt krimineller Handlungen sicher auf Güterbeschaffung und Güterverteilung, sprich Diebstahl, Plünderung, „Organisieren" und Absetzen der Ware. So meldet der Polizeibericht für die Woche 9. bis 15. Oktober 1945 zum Beispiel die Aushebung einer stark frequentierten Tausch- und Schleichhandelszentrale von Weißrussen, berichtet von 25 Hausdurchsuchungen, geht 6 Auto- und 28 Fahrraddiebstählen nach, nimmt einige Ukrainer als Plünderer von Eisenbahnwaggons fest, führt Erhebungen bei 9 Einbruchsdiebstählen vorwiegend in Trafiken durch, hebt eine 12köpfige ungarische Plündererbande aus, und nimmt insgesamt 87 Österreicher und 27 Ausländer fest.[255] Wird eine derartige „Beschaffungsbande" dingfest gemacht, erstaunt oft die peinlich hohe Anzahl unbescholtener Personen, die durch sogenannten „bedenklichen Ankauf" in die Affäre verwickelt sind. 1945 und 1946 sind in diesem Zusammenhang sicher die unruhigsten Jahre. Als Gründe werden vom Sicherheitsdirektor für das Land Salzburg genannt: das zersetzende Wesen des Krieges, die verzweifelte Notlage und bittere Armut, die manche Menschen zum Verbrechen treibt, Jugendliche, die sich ein bequemes Leben ohne Arbeit ermöglichen wollen, und die Anwesenheit vielfach moralisch entwurzelter Ausländer, *die nur allzuleicht zu Verbrechern (werden)*.[256] In den Jahren darauf ist aber das kriminelle Handwerk wieder in geläufigeren Bahnen tätig, Kriminalität wird wieder abschätzbar.

Vor allem Diebstahl ist weit verbreitet. Im 2. Halbjahr 1945 werden 882 Diebstähle und 140 Einbrüche zur Anzeige gebracht, unklar ist, ob dabei

---

253 Salzburger Nachrichten 14. 9. 1948
254 Thomas Bernhard, Der Keller, S. 46
255 Salzburger Nachrichten 18. 10. 1945
256 Salzburger Nachrichten 10. 12. 1946

wirklich alle Diebstähle und Einbrüche angezeigt wurden. Das Jahr 1946 weist demnach eklatante Steigerungen auf: 3.759 Diebstähle und 892 Einbrüche werden registriert. *Einbrüche am laufenden Band*[257] lautet warnend eine Schlagzeile in der Zeitung. Erst ab 1949 ist (laut Statistik) in allen Kriminalbereichen ein Rückgang zu beobachten, die Zahl der Raubüberfälle sinkt 1954 unter 10, Mord und Totschlag sind seit 1950 ebenfalls kaum existent, die Zahl der Einbrüche pendelt sich zwischen 200 und 500, jene der Diebstähle zwischen 1.500 und 2.500 ein, insgesamt kein Vergleich zu den wilden und unruhigen Jahren nach 1945. Während der Festspielzeit im Sommer wird alljährlich eine saisonbedingte Zunahme an Taschendiebstählen und Diebstähle aus parkenden Autos vermerkt.

Ein typischer „Erwerbszweig" jener Zeit ist der des sogenannten „Friedhofspartisanen", der zu nächtlicher Stunde Kreuze, Inschriftentafeln und Weihwasserkessel aus Metall von den Gräbern entwendet und an Alteisenhändler verkauft. Auch das Kupferdach des Mozarteums ist vor Langfingern nicht sicher. Große Teile des Kupferdaches werden im August 1952 von zwei Dachdeckern, die eigentlich Ausbesserungsarbeiten durchführen sollten, durch minderwertiges Blech ersetzt. Viele Delikte werden natürlich den Ausländern in die Schuhe geschoben, den DPs, den Staatenlosen, „denen aus Osteuropa". In der Kriminalstatistik wird eine eigene Ausländerrubrik geführt. Im Verhältnis zu ihrer Einwohnerstärke ist die Zahl der Festnahmen von Ausländern zwar überrepräsentiert, aber kaum in beängstigendem Ausmaß. Vor allem Diebstähle und Schwarzhandel werden ihnen verstärkt angelastet.

Das Fahrrad stellt ein besonderes Objekt der Begierde dar. Als wichtigster fahrbarer Untersatz in der Nachkriegszeit besitzt das Fahrrad einen gewissen Marktwert, um den es sich lohnt, nach einem fremden Drahtesel zu greifen. Von Juli bis Dezember 1945 sind es 338 Fahrräder, die verschwinden, 1946 insgesamt 742 Fahrräder. In den wenigsten Fällen gelingt es, die Täter auszuforschen. „Bedenklichen Personen", die den ehrlichen Erwerb ihrer Räder nicht nachweisen können, wird dieses einfach abgenommen, auf frischer Tat Ertappte zu durchschnittlich 3 Monaten Gefängnis verurteilt. Auch in den folgenden Jahren sinkt die Zahl der entführten Fahrräder selten unter 700.

Boshafte Sachbeschädigung und Körperverletzung aufgrund von Raufhändeln gehören in den ersten zehn Jahren der Nachkriegszeit mehr oder weniger zum Alltag. Es handelt sich dabei meist um das Einwerfen von Auslagenscheiben sowie um klassische Wirtshaus- und Würstelstandraufereien, tätliche Auseinandersetzungen registriert die Polizei des öfteren auch zwischen Einheimischen und Angehörigen der amerikanischen Besat-

---

257 Salzburger Nachrichten 14. 9. 1948

zungsmacht beziehungs-
weise zwischen Einheimi-
schen und DPs. Für das
Jahr 1950 etwa sind 506
Fälle von Körperverletzung
und 58 Fälle von öffentlicher Gewalttätigkeit akten-
kundig, 1952 nimmt die
Polizei 551 leichte und
schwere Körperverletzun-
gen auf.

Die Geheimprostitution
zieht weite Kreise und ist,
wie bereits früher ausführlich erwähnt, im Zusam-
menhang mit den US-Sol-
daten zu sehen. Besonders
ab 1950 wird ein sprung-

*26 Schleichhändlerprozeß im Justizgebäude 1946 vor einem amerikanischen
Militärgericht
(Foto: A. Madner © by A. Scope)*

haftes Ansteigen registriert. 1952 nimmt die Geheimprostitution gegenüber
dem Vorjahr um 80 Prozent zu, 911 „Fräuleins" werden bei Razzien aufgegriffen.

Der Handel mit Suchtgiften wird teils im großen Stil betrieben. Im Oktober 1946 kommt es zu einem Suchtgiftprozeß, bei dem es um den Verkauf
von Morphiumampullen und Opiumtabletten geht. Zweieinhalb Jahre später wird gegen neun Rauschgifthändler prozessiert, die Kokain und Morp-
hium verkauften. Ein schwunghafter Kokainschmuggel wird 1950 an der
deutsch-österreichischen Grenze aufgedeckt. Anfang der fünfziger Jahre
schließlich erreicht eine neue Modedroge die Mozartstadt. Sie nennt sich
„Hollywood-Droge", ist nichts anderes als Marihuana und wird in Salzburg
vor und in Nachtlokalen angeboten. Auszug aus einer Reportage über den
Marihuana-Handel in Salzburg:

„Nächtliches Salzburg. Aus einem Lokal treten nach fröhlichem Abend einige Herren.
Während die anderen vorausgehen fingert der letzte nach einem Feuer für seine
Zigarette. ‚Ami angenehm', klappt ein Feuerzeug auf. Erstaunt betrachtet der Rau-
cher den plötzlich aus dem Dunkel aufgetauchten Feuerspender, der schon ein Paket
amerikanischer Zigaretten in der Hand hält. ‚Besondere Zigaretten, Spezialzigaret-
ten, ausnahmsweise billiger.' ‚Wieviel?' ‚Zehn Schilling das Stück, sonst kostet sie 25.'
Noch ehe der so Angesprochene antworten kann, läuft der Händler davon, ver-
scheucht von den zurückkommenden Zechern."[258]

---

258 Salzburger Nachrichten 2. 2. 1953

Ein Fall von vielen, wird betont, nicht selten wiederhole sich in und vor Nachtlokalen in Salzburg diese Szene, und fast immer entkomme der Händler unerkannt. Wird dennoch manchesmal einer erwischt, so handelt es sich dabei immer um kleine Zwischenhändler, die sich *aus dem menschlichen Strandgut der Nachkriegszeit rekrutieren*[259], Drahtzieher und Hintermänner bleiben unbekannt.

B. beginnt seine Tätigkeit beim „Demokratischen Volksblatt" als Gerichtsreporter. Es sind vorwiegend „leichte" Fälle der Marke „Heiteres Bezirksgericht", die ihm übertragen werden. Und genau in diesem Rahmen spielt sich auch Bs. Berichterstattung ab: Das Referieren relativ „harmloser" Verhandlungen sollte auch einen gewissen Unterhaltungseffekt für die Leser erzielen. Über 100 Gerichtsreportagen werden B. zugeschrieben, signiert ist keine einzige. Die Themen sind vielgestaltig und doch immer dieselben: Ladendiebstähle, Raufereien, Schmuggel, Auseinandersetzungen zwischen Nachbarn, „Fräulein"-Verhandlungen, Fahrraddiebstähle. Stellvertretend für die vielen Reportagen sei eine herausgegriffen: „Faschingsabenteuer im Café Großglockner". Es geht dabei um eine Kaffeehausschlägerei.

„Den Anstoß gab das heute schon fast alltägliche Wort ‚Amischlampen', das man einer Besucherin des Cafés zurief. Der Gatte der so Betitelten aber ließ sich das nicht gefallen und versetzte dem Urheber dieses Schimpfwortes eine Ohrfeige. Gleich erhoben sich alle Anwesenden von den Sesseln und bildeten zwei Parteien, die sich die erbärmlichsten Ausdrücke in die Ohren schrien, wovon ‚Proletariergesindl, Holzknechtvolk und Amischlampn' noch die geringsten waren. [. . .] Jedenfalls hagelte es Ohrfeigen und Rippenstöße, die Mäuler ergossen die abscheulichsten Dinge und das etwa um vier Uhr früh eintretende Ende dieses Faschingsabenteuers bildeten zwei blutende Köpfe, verrenkte Arme, ‚sehnengezerrte Beine', zerrissene Hemden, besudelte Anzüge und in Büscheln ausgerissene Haare. [. . .] Da sich die Zeugen immer mehr widersprachen und eigentlich kein rechtes Licht in diese Faschingsnacht kam, mußte die Verhandlung unter Vorsitz von OLGR. Doktor Gandolfi nun zum viertenmal zu weiteren Zeugeneinvernahmen vertagt werden. Der Staat läßt sich also eine Faschingsnacht, wie man sieht, recht viel kosten."[260]

Es sind keineswegs *seltsam-düstere Gerichtssaalberichte*, wie sie Chefredakteur Josef Kaut in späteren Jahren rückblickend dem schlanken, schüchternen Jüngling namens B. zuschreibt.[261] Der „schlanke, schüchterne Jüngling" selbst meint, daß *ein Besuch im „kleinen" Bezirksgericht, im Parterre, eher erheiternd denn nachdenklich (wirkt). Die Zehn-Schilling-Fälle des Franzl, die Nachthemdgeschichte der Mariandl oder die Ehrenbeleidigung zwischen Herrn Mayer und Herrn Müller erschüttern nicht die Welt.*[262]

---

259 ebda.
260 Faschingsabenteuer im Café Großglockner. In: Demokratisches Volksblatt 25. 2. 1952
261 Demokratisches Volksblatt 24. 10. 1970
262 Th. B., Prozesse, nichts als Prozesse. In: Demokratisches Volksblatt 28. 11. 1952

Als erschütternd hingegen ist der Fall „Sopko" zu bezeichnen. Die Tragödie um den staatenlosen Josef Sopko endet am 22. November 1949 um 6.30
Uhr im Hof des Justizgebäudes am Galgen. An Josef Sopko fand die letzte
Hinrichtung in Österreich statt. Der staatenlose Ukrainer wird für schuldig
befunden, im April 1948 eine Frau aus Seekirchen vergewaltigt und anschließend ermordet zu haben. Der Prozeß stützt sich auf (teils erdrücken-
de) Indizien, Sopko selbst weist bis zum Schluß jede Schuld von sich. Der
Prozeß endet mit dem Todesurteil, Staatsanwalt Zamponi schließt sein
Plädoyer mit den Worten: *Hinweg mit dem Lustmörder Sopko, dieses Scheu-
sal verdient nicht, unter uns zu leben!*[263] Im voll besetzten Schwurgerichts-
saal, laut B. *ein Unikum von Raum, kalt und düster, mit hohen abgeblätterten
Wandgemälden und ehrfurchterregendem Gestühle*[264], bricht daraufhin
ein Sturm der Begeisterung und frenetischer Applaus los. Das Todesurteil
bleibt über alle Instanzen aufrecht: Nichtigkeitsbeschwerde und Berufung bleiben ohne Erfolg, der Chief Legal Officer der US-Militärverwaltung
bestätigt das Urteil, der Bundespräsident lehnt ein Gnadengesuch ab; auch
ein Wiederaufnahmeantrag wird abgewiesen. Zwischenzeitlich unternimmt Sopko einen Selbstmordversuch, indem er sich die Pulsadern auf-
schneidet. Am 22. November 1949 schließlich wird die Todesstrafe durch
Erhängen vollstreckt, ein Jahr darauf in Österreich die Todesstrafe abgeschafft.

Hellsichtig erkennt B. Wirkung und Ausstrahlung solch großer Prozesse.
Sie setzen Abgründe der menschlichen Seele frei, die bisweilen zum Fürch-
ten sind:

„Große Prozesse sind ein Schauspiel, eine atemberaubende Tragödie für den Außen-
stehenden, der sich in der eigenen Haut wohl fühlt. Sie sind ‚geballte Ladungen',
vollgepfropft mit schauerlichen Begebenheiten, eine Schule für Verbrecher und
Un-Menschen, Sensation für gelangweilte Zuhörer. Sie sind aber auch das Spiegelbild
jener anderen Welt, die von Zeit zu Zeit die Oberhand erhält und entsetzlich vor
unseren Augen aufsteigt, gleich einem fürchterlichen Geschwür."[265]

---

263 Salzburger Nachrichten 28. 5. 1949
264 Th. B., Prozesse, nichts als Prozesse. In: Demokratisches Volksblatt 28. 11. 1952
265 ebda.

TABELLE 9: Kriminalfälle Stadt Salzburg 1946–1958

	Mord	Raub	Einbruch	Diebstahl
1946	6	58	892	3.759
1947	6	28	851	4.022
1948	6	52	939	?
1949	3	16	461	2.827
1950	1	11	509	2.026
1951	1	14	330	2.420
1952	3	20	370	2.358
1953	–	11	463	2.067
1954	–	5	514	2.125
1955	–	2	296	1.597
1956	2	5	535	2.193
1957	2	8	521	2.532
1958	1	2	407	2.632

Quelle: Jahrespolizeiberichte, Statistisches Jahrbuch der Stadt Salzburg 1950ff.

5. Mozartstadt – Kulturelles Leben

Kulturelles Leben war in der ersten Jahrhunderthälfte in Salzburg ein zweischneidiges Schwert. Es bewegte sich zwischen den Polen einer bodenständigen Volkskultur oder dem, was dafür gehalten wurde, und einer Hochkultur, die seit Beginn der dreißiger Jahre die Festspiele und ihr Umfeld repräsentierten. Dazwischen sprossen einige kleine kulturelle Zirkel, die sich mehr diesem oder jenem Lager zugehörig fühlten.

Im ersten Nachkriegsjahrzehnt ist jenes kulturelle Leben, das auch nach außen strahlt, mit den Salzburger Festspielen gleichzusetzen. Salzburg als die Stadt Mozarts und der Musik. Der Wunsch, an den Glanz der letzten beiden Festspielsommer im Vorkriegsösterreich anzuknüpfen, geht erst ab 1949 halbwegs in Erfüllung. Unter der heißen Sonne des Festspielmonats August gebärdet sich Salzburg mit den Festspielen und verschiedenen Begleitveranstaltungen als kosmopolitische Festspielstadt, von September bis Juli, wenn die Fremden wieder fort beziehungsweise noch nicht gekommen sind, verharrt die Stadt Mozarts in gebührender Provinzialität. B. stellt hier zu Beginn der Festspielzeit einmal fest: *Die Stadt ist aus dem langen Lokal-Schlaf erwacht.*[266] Wenige Institutionen wie Amerikahaus oder Volkshochschule bemühen sich in Zusammenarbeit mit dem Mozarteum um die Vermittlung von Literatur, Schauspiel und bildender Kunst, während das Landestheater in dieser Zeit relativ wenig zur kulturellen Bereicherung

---

266 Th. B., Das große Spiel kann beginnen. In: Demokratisches Volksblatt 15. 7. 1953

beiträgt. Zu nennen sind in diesem Zusammmenhang noch das Mozar-
teum-Orchester, die Salzburger Kulturvereinigung, der Salzburger Kunst-
verein, und das aufgrund von Tourneen meist absente Marionettentheater.
Den oftmals getätigten Vorwurf, elf Monate im Jahr einen kulturellen Tief-
schlaf zu halten, bekommt die Stadt Salzburg dennoch bis zu Beginn der
achtziger Jahre zu hören.

5.1. Ein Glück, daß es die Festspiele gibt

Von Anfang an sind Festspiele und Fremdenverkehr geschwisterlich miteinander verbunden. Eine Ausnahme davon macht lediglich die erste Fest-
spielsaison im August 1945, als nur drei Monate nach Kriegsende in be-
scheidenem Rahmen und ohne illustre Gäste aus dem Ausland versucht
wird, ein Programm auf die Bretter zu bringen. *[. . .] ein wahres Beispiel des
Wiederauflebens der einheimischen österreichischen Traditionen* meint der
Oberkommandierende der US-Streitkräfte in Österreich, General Mark W.
Clark, in seiner Eröffnungsrede am 12. August 1945 in der Winterreitschule
(heute Karl-Böhm-Saal) des Festspielhauses.[267] Wesentlichen Anteil am Zu-
standekommen der ersten Nachkriegsfestspiele hat der US-Sender Radio
„Rot-Weiß-Rot". Ein Jahr darauf registriert die Salzburger Fremdenver-
kehrswirtschaft für den Monat August 8.300 Personen, die in Gasthöfen und
Privatquartieren abgestiegen sind. Die meisten von ihnen kommen allerdings aus dem Inland.

Nach den schwierigen Jahren der Nachkriegszeit bricht dann 1949 über
Salzburg die Normalisierung herein. Die Kriminalität geht ab diesem Jahr
merklich zurück, mit dem Wohnbau wird ernst gemacht, als Zeichen beginnenden Wohlstands veranstaltet die Stadt einen Schaufensterwettbewerb,
das Bier gewinnt seine 12° Stammwürze zurück, der kleine Grenzverkehr
wird endlich Wirklichkeit und als ein Zeichen guten Besatzungswillens
dürfen Festspielbesucher aus Deutschland für 24 Stunden die Stadt betreten. In dieser Atmosphäre der wirtschaftlichen Aufwärtsentwicklung werden erstmals wieder Festspiele abgehalten, die nicht von akuten Mangeler-
scheinungen überschattet werden. Täglich künden die Zeitungen vom festlichen Ereignis: „Im Scheinwerferlicht der Festspiele", „Internationales
Salzburg", „Kaleidoskop der Festspiele", „Der Höhepunkt der Festspiele"
und ähnliche Schlagzeilen rücken das Fest in den Mittelpunkt der internationalen Hautevolee, *kunst- und schönheitstrunkene Menschen aus allen und
selbst den fernsten Ländern.*[268]

---

267 Salzburger Nachrichten 13. 8. 1945
268 Salzburger Nachrichten 1. 9. 1949

Zwar beträgt die Zahl der in Salzburg abgestiegenen Besucher der einzelnen Länder selten über 1.000 (Schweiz 978, Großbritannien 732, Frankreich 555, USA 967, Italien 2.170), doch was zählt, sind die klingenden Namen wie Lambert-Rothschild, Hohenlohe-Schillingfürst, Earl of Harewood und Benjamin Britten. Auffallend ist die Ansammlung ägyptischer Prinzen und Paschas, die zum Teil in Trachtenjanker und Lederhose auftreten. Deutschland stellt im Jahr der Grenzerleichterung 728 Besucher, dreimal so viel wie im Jahr davor. 130 akkreditierte Pressevertreter berichten 1949 von den Festspielen, die *fast völlig friedensmäßige gewesen waren*.[269] Der Erfolg einer jeden Aufführung wird nach der Zahl der auffahrenden Automobile gemessen, 450 bei der „Rosenkavalier"-Premiere, 350 bei „Orpheus und Euridike". (Kommentar B.: *Die Hofstallgasse ist wieder zum Stall für die Autos der Welt geworden.*)[270] Die Festspielleitung nimmt auf die oftmals mangelnde Pünktlichkeit der Gäste geflissentlich Rücksicht und läßt die Vorstellungen mit 15 oder mehr Minuten Verspätung beginnen. Die Österreichische Tabakregie bereichert das festliche Ambiente mit der Herausgabe eigener Festspielzigaretten der Marke „Memphis": Die Packungen, die das Bild Mozarts in Form eines Scherenschnitts mit barocker Umrahmung zeigen, sind aus Hartkarton und enthalten 25 Stück Zigaretten in Pergamineinschlag und ein Einlagebild der Festspiel-Bilderserie.

Die meisten Vorstellungen sind ausverkauft, „Fidelio"-Karten notieren auf dem Schwarzmarkt mit 250 Schilling das Stück. Interessierte, aber finanzschwache Salzburger versuchen, an Generalprobenkarten zum Einheitspreis von 6 Schilling heranzukommen. Doch auch mit diesen werden gute Geschäfte gemacht, indem sie für 30 bis 50 Schilling weitergegeben werden. Der Wermutstropfen der Festspiele von 1949 heißt „Antigonae". Die Meinungen zur Uraufführung der Oper von Carl Orff sind bei Publikum und Presse sehr geteilt, was an und für sich als eher positiv denn betrüblich gewertet werden kann. Viel schwerer wiegt die Tatsache, daß Orff von der Festspieldirektion kurz vor der zweiten Aufführung aufgefordert wird, sein Werk aus terminlichen Gründen um eine halbe Stunde zu kürzen. Orff tut es und verläßt daraufhin „aus Gesundheitsrücksichten" die Stadt. Der Musikwissenschafter Wilhelm Keller stellt daraufhin öffentlich die Frage, ob die Festspiele nichts anderes mehr bedeuten als Kultur im Dienste des Fremdenverkehrs, und legt voll Ironie die Schwächen dieser geschwisterlichen Verbindung offen:

„Die Hauptsache ist, daß der Fremdenverkehr erhalten bleibt; und da der einzige Fremde, der wegen ‚Antigonae' Salzburg verlassen hat, nur ihr Komponist ist, also

---

269 ebda.
270 Thomas Bernhard, Festliche Tage – am Rande gesehen. In: Demokratisches Volksblatt 24. 7. 1953

nicht einmal ein Dirigent oder ein Premierminister der Wirtschaft, ist die ganze Angelegenheit kaum der Rede wert. Eben darum werden auch diese Zeilen den glanzvollen Fremdenverkehrsbetrieb nicht stören.“271

Weitere Skandälchen und Skandale bleiben nicht aus. 1950 wird die Fälschung von 2.300 Festspielkarten aufgedeckt. Allerdings werden die Fälscher bereits beim ersten Versuch, die Karten zu verkaufen, *durch einen jüdischen Konfidenten der Salzburger Polizei ausgeliefert.*272

Ein mittleres politisches Erdbeben löst 1951 der „Fall Bert Brecht“ aus. Der deutsche Schriftsteller wird 1948

27 *Verkehrsprobleme während der Festspielzeit; Alter Markt 1954* (Foto: Bildarchiv der ÖNB)

vom Komponisten und Direktoriumsmitglied Gottfried von Einem eingeladen, an einer Neubelebung der Salzburger Festspiele mitzuwirken. Brecht sagt zu, äußert aber zugleich den Wunsch nach einem österreichischen Paß. Nach einem relativ raschen Aktenweg erhält Brecht im April 1950 von der Salzburger Landesregierung tatsächlich die „Urkunde über die Verleihung der Staatsbürgerschaft“ ausgestellt. Die Einbürgerung des Kommunisten Brecht, der im Theater am Schiffbauerdamm in Ostberlin das Brecht-Ensemble leitet, kann in der Zeit des Kalten Krieges, der allgemeinen Furcht des Westens vor einer Ausbreitung des Kommunismus, des kommunistisch gelenkten Generalstreiks in Wien („Putschversuch“), der Gründung der Deutschen Demokratischen Republik und der Umwandlung der mittelosteuropäischen Länder in sowjetisch kontrollierte Satellitenstaaten nicht gutgehen.

Im Herbst 1951 berichten mehrere Zeitungen über Brechts Einbürgerung und treten damit eine Lawine los. Die Suche nach dem oder den Schuldigen beginnt. Die streng auf antikommunistischem Kurs segelnden „Salzburger Nachrichten“ begeben sich auf die Suche nach dem Übeltäter: *Wer ist schuld am Fall Bert Brecht?*273 Und bald ist er entlarvt und die Zeitung frägt unter

271 Wilhelm Keller, Carl Orff und der Fremdenverkehr. In: Salzburger Nachrichten 20. 8. 1949
272 Salzburger Nachrichten 1. 2. 1951
273 Salzburger Nachrichten 5. 10. 1951

Zuhilfenahme eines nur für die Länder des Kommunismus gebrauchten Verbs, *ob man nicht jetzt doch den Festspielausschuß von Einem oder dem anderen säubern müßte?*[274] Das Fragen ist nicht vergeblich: Am 31. Oktober 1951 wird Gottfried von Einem, der *Salzburger Impresario des roten Parade-Literaten*[275], seiner Funktion als Direktoriumsmitglied der Salzburger Festspiele enthoben. Brecht bleibt in Berlin, aber bis zu seinem Tod österreichischer Staatsbürger. Kurze Zeit später erfolgt der Versuch, Gottfried von Einem wieder in das Festspieldirektorium zurückzuholen. Für den damaligen Redakteur und späteren ORF-Generalintendanten Gerd Bacher ist es allerdings zweifelhaft, *ob sich das Prestige der Salzburger Festspiele solch ein Verfahren von „Wiedergutmachung" vor der Weltöffentlichkeit leisten könnte.*[276] Die Rückholung bleibt beim Versuch. Die „Wiedergutmachung" erfolgt im Festspielsommer 1953 mit der Uraufführung der Einem-Oper „Der Prozeß". Einen merkwürdigen Kommentar, der indirekt mit den Vorkommnissen von 1951 in Zusammenhang steht, liefert fast zwei Jahre später der freie Zeitungsmitarbeiter B., indem er eine Lesung des „Brecht-Jägers" Friedrich Torberg bespricht. Die Lesung im August 1953 in Salzburg trägt den Titel „Pamphlete und Parodien" und wird von B., nein, nicht zerrissen, sondern fein säuberlich seziert.

„Die Parodie ist eine eigne Sache, viel mehr als manches gut gereimte Zeug. Da steht der Dichter – wenn er's kann. Sonst fange er gar nicht an."[277]

Und eine Torberg'sche Parodie, die sich des „Drei-Vier-Groschen-Manns" bemächtigt, erhält von B. folgende Antwort:

„Denn wo Knecht Brecht, recht pr(e)chtig echtelt,
ist Friedrich Torberg schlecht verbrechtelt . . ."[278]

Erstmals betritt im Jahr 1952 B. die Bühne der Festspielkommentatoren. Sein Blatt bereitet wie jedes Jahr seine Leserschar auf das alljährliche Sommerspektakel vor: *Salzburgs große Zeit beginnt.*[279] Der „Jedermann" wird neu inszeniert, muß neu inszeniert werden, wenn er *nicht wegen Altersschwäche von einem müden Tod seines Festspiel-Wandels enthoben werden sollte*[280], im Landestheater probt Axel von Ambesser Nestroys „Träum von Schale und Kern", Wilhelm Furtwängler beginnt die Proben für die Eröffnungsvorstellung „Die Hochzeit des Figaro" und in der Felsenreitschule wird „Die Zau-

---

274 Salzburger Nachrichten 13. 10. 1951
275 Salzburger Nachrichten 2. 2. 1952
276 ebda.
277 Th. B., Friedrich Torbergs „brechtige" Stunde. In: Demokratisches Volksblatt 22. 8. 1953
278 ebda.
279 Demokratisches Volksblatt 9. 7. 1952
280 ebda.

berflöte" bereits das vierte Jahr gegeben. Neu auf dem Programm steht die Strauss-Oper „Die Liebe der Danae", die vor dem Schließen aller Theaterstätten im Dritten Reich 1944 nur noch ihre Generalprobe erlebte.

1952 besuchen rund 100.000 Zuschauer 72 Veranstaltungen und 15 Generalproben. Daß das Fest in Salzburg ein Fest für größtenteils ausländische Gäste ist, gibt Landeshauptmann-Stellvertreter Franz Peyerl unumwunden zu, wenn er sagt, *daß die Bewohner Salzburgs leider nur als Zaungäste an dieser einmaligen Veranstaltung teilhaben können*[281], meint aber gleichzeitig, daß dies auch für die Festspiele in Bayreuth und Edinburgh zutreffe. Aber: Die Karten für die Generalproben werden in diesem Jahr im wesentlichen den Mitgliedern des Gewerkschaftsbundes vorbehalten sein. Nun, B. ist kein Gewerkschaftsmitglied, und so kann er der Liebe der Danae nur am Radio verfolgen. Die näheren Umstände, die Vorbereitungen und den Verlauf der Radioübertragung schildert er in satirischer Weise in dem Artikel „Festspiele am Radio"[282], womit er offensichtlich auf die in weiten Kreisen der Bevölkerung vorherrschende Ignoranz und Verständnislosigkeit gegenüber den Festspielen und zeitgenössischer Musik zielt. Stellvertretend läßt B. in dieser Kurzsatire eine/seine Familie auftreten. Es entbrennt der Kampf um das Radio.

„Ich wußte, daß mein Vater gänzlich unmusikalisch, meine Mutter müde und meine Schwester nur auf Samba und Rumba eingestellt war.
‚Es ist die einzige Möglichkeit, ›Die Liebe der Danae‹ zu hören', sagte ich dann, worauf sich alle drei anstarrten und im folgenden das Für und Wider diskutierten.
‚So ein Blödsinn!' sagte mein Vater.
‚Ich muß bügeln!' meine Mutter, – und
‚Mir is wurscht'! [!] meine Schwester [. . .]"[283]

Dem Ich-Erzähler (B.?) wird das Zuhören schließlich gestattet. Infolge des familiären Nachtmahls treten aber für den Lauschenden unerwünschte Nebengeräusche auf.

„Nun wurde, wir sagen es so, aufgetischt. Zuerst Rettich und Bier, Brot und Butter, dann die von Mittag übriggebliebenen gefüllten Paprika und schließlich der Bohnenkaffee. Über der ganzen Szene lag ein Schmatzen und Schneiden, Flätschern und Murren. Danae kam immer mehr ins Hintertreffen. Als sich Midas im einfachen Gewand eines Boten Danae näherte, um die Ankunft seines Herrn zu melden, schlug mein Vater mit der Faust auf die Tischplatte, stand auf, nahm den Bierkrug und den ‚Radi' und ging hinaus. Meine Mutter biß die Zähne zusammen, meine Schwester vernichtete mich, trotz des mittäglichen Zugeständnisses mit feurigen Blicken."[284]

281 Franz Peyerl, Die Salzburger Festspiele. In: Demokratisches Volksblatt 26. 7. 1952
282 Th. B., Festspiele am Radio. In: Demokratisches Volksblatt 21. 8. 1952
283 ebda.
284 ebda.

Obwohl schließlich alle Familienmitglieder das Zimmer verlassen, B. (oder der Ich-Erzähler) mit Danae allein zurückbleibt, ist ihm dennoch das (Fest-spiel)glück nicht hold. Ein Kurzschluß vor dem Ende des ersten Aktes legt die Elektrik still, *der Radioapparat kühlte inmitten der großen Liebesszene aus.*[285] Aus den Brüsten der Familienmitglieder entringt sich ein „Gott sei Dank", während der geprellte Zuhörer den Sicherungen zueilt.

„Verzweifelt schraubte ich hin und her. Aber da ich, wie gesagt, der musikalischen Welt angehöre, fand ich mich mit den vielen kupfernen Drähten und Kapseln nicht zurecht, fluchte in alle Windrichtungen, verdammte das Radio, meine drei kunstver-ständigen Anverwandten, alle Danaes und Midas, zuletzt auch noch mich selbst, und kroch verbittert ins Bett."[286]

Und dennoch: Festspiele sind für viele und vieles gut, das wissen auch der Mann und die Frau auf der Straße.

„[. . .] der Würstlstand auf dem Grünmarkt hat Hochbetrieb. ‚Ein Glück', sagt die Frau vor dem Schatz-Durchhaus, ‚daß es die Festspiele gibt . . .'"[287]

Ein Jahr darauf, wir schreiben 1953, ist es B. selbst, der mit einer Reportage, die eine Mischung aus Vorweginformation und Klatsch darstellt, die Fest-spielzeit einleitet. In „Das große Spiel kann beginnen"[288] berichtet er, wel-che Künstler sich bereits in Salzburg aufhalten, an welchen Stücken wo wann und wie geprobt wird, erzählt, daß fast alle Opernaufführungen aus-verkauft sind und der Dauerregen im Juli für die Proben unter freiem Himmel und für die Sänger im allgemeinen sehr hinderlich ist. (*Wie man hört, wirkt sich das schlechte naßkalte Wetter auf die verschiedenen großen, kleinen, dicken und dünnen Kehlen der Sänger „katastrophal" aus.*[289]) Ab-schließend stellt B. frei interpretierbar fest:

„Die Kennzeichen der Automobile geben ihr [der Stadt, Anm.] jetzt internationales Gepräge. Alle Sprachen sind wieder vernehmbar, das Glockenspiel zu seinen Zeiten umvölkert und der mächtige Dom bestaunt, die ganze Stadt zur Bühne geworden, zu einem glorreichen Mittelpunkt unserer freien Welt . . ."[290]

Der kleine Mann auf der Straße stellt die Festspiele mit seinem unmittelba-ren Lebensumfeld in Zusammenhang. B. macht sich im Sommer 1953 auf, die Meinung der Frau Mayer und des Herrn Huber einzuholen, was nach Bs. Meinung viel interessanter ist, *als Rita Hayworth oder die Miß Univer-*

---

285 ebda.
286 ebda.
287 Thomas Bernhard, Festliche Tage – am Rande gesehen. In: Demokratisches Volksblatt 24. 7. 1953
288 Th. B., Das große Spiel kann beginnen. In: Demokratisches Volksblatt 15. 7. 1953
289 ebda.
290 ebda.

sum zu interviewen.[291] Frau Angelika Mayer, die B. in der Itzlinger Hauptstraße mit einer Tasche voll frischer Bohnen abfängt, meint:

„„Was glauben S', hab' ich von den ganzen Festspielen? Sehn S' eh, was für an Verkehr
die Leut' machen. Zur Ruh kommt ma nimma . . . Dös anö allerdings stimmt ja schon,
daß 's Geld eina kommt ins Land. Aber dafür rutschts wieder bei der anderen Tür
aussi."[292]

Karl U., Gepäcksträger auf dem Hauptbahnhof, wird von B. befragt, als er
gerade zwei belgische Schweinslederkoffer vom Perron hinunter zum Obus
schleppt.

„„Was glauben S', jetzt verdien ich dreimal soviel, wie unterm Jahr. Die neidigen
Weaner werden weniger, dafür kommen die Franzosen, die was springen lassen. [. . .]
Aber reden S' net gar z'viel auf mich ein, sagn S' den Lesern, daß ich mich jedes Jahr
g'freu, wann's Ende Juli wird."[293]

Verkehrspolizist Josef Schöffmann sieht die Festspiele aus seiner Warte.

„„Die Ausländer verstehen oft nicht, was Grün und Rot bedeutet. [. . .] Ein Verkehr ist
heuer, wie noch nie. Und lauter Franzosen. Ich glaub', die müssen es recht billig
haben bei uns.' [. . .] Auf die Frage, ob Festspiele – oder nicht, sagt er nur kopfschüt-
telnd: ‚Klar – das sind doch Devisen . . .'"[294]

Freude mit den Festspielen haben die diversen Straßenverkäufer. Hilde
Auer verkauft ihren Lavendel an Festspielkünstler und Festspielgäste, Josefine Haslauers Zeitungsstand macht jetzt besonders hohe Umsätze.

„„Neulich hat mir der ›Don Giovanni‹ eine Illustrierte abkauft. Jetzt hörn S' ihn singen.
Der hat a Stimm – da können sich alle was abpausen . . ."[295]

Nur die besenschwingende Frau im Mirabellgarten gibt sich gegenüber B.
eher zugeknöpft und *ein lautes „Mei Ruah will i habn!" machte dem Ausflug
eines Berichterstatters durch Salzburg ein bestimmtes Ende.*[296]

---

291 Th. B., Was sagen Sie zu den Festspielen? In: Demokratisches Volksblatt 27. 7. 1953
292 ebda.
293 ebda.
294 ebda.
295 ebda.
296 ebda.

5.2. Das Landestheater – Rummelplatz des Dilettantismus?

Im Windschatten des Festspielbetriebes hat die Landesbühne am Makartplatz, das Landestheater, keinen leichten Stand. Ein laufender Intendanten-
wechsel, permanente Finanzkrisen und ein unbefriedigendes Programm
machen das Landestheater bis weit in die fünfziger Jahre zu einem ständi-
gen Diskussionsthema. Nach Kriegsende wird das Theater kurzzeitig ausschließlich von den Amerikanern genutzt, aber bereits ab Juli 1945 steht das
Haus auch wieder für die Zivilbevölkerung offen. Veranstaltungen für die
US-Truppen und Zivilvorstellungen lösen einander ab.

Insgesamt bietet sich den Besuchern des Jahres '45 ein eher trauriger
Anblick. Das Haus ist verwahrlost, ein großer Teil des Inventars, das im
Krieg zum Schutz vor Luftangriffen verlagert wurde, kommt beschädigt
oder gar nicht mehr zurück. Beleuchtungsanlage, Bühnenmöbel, Kostüme
und Studiermaterial sind nur noch in Resten vorhanden. Die Amerikaner
sorgen für die Behebung der umfangreichen Fensterschäden und stellen
1945/46 für die Beheizung des Theaters die nötigen Kohlenmengen zur
Verfügung.

Von Beginn an steckt das Landestheater in finanziellen Schwierigkeiten.
Der erste Nachkriegsintendant Johannes van Hamme muß bereits nach
wenigen Monaten abtreten. Streitigkeiten um Schauspielergagen zwischen
seinem Nachfolger Alfred Bernau und der Salzburger Landesregierung führen 1947 schließlich zur vorzeitigen Ablöse Bernaus. Der neue Intendant
heißt wieder Johannes van Hamme und muß, weil zu spät auf den Posten
bestellt, die Saison 1947/48 ohne vorher festgelegten Spielplan improvisato-
risch durchbringen.

„Größter Materialmangel machte sich an allen Ecken und Enden bemerkbar. Schwierigkeiten durch plötzliche Erkrankungen von Mitgliedern und damit verbundene
unvorhergesehene Gast-Engagements, fehlende Unterkünfte für die Künstler, Aus-
stattungssorgen, Schwierigkeiten, ja oft sogar Unmöglichkeit der Beschaffung des
nötigen Notenmaterials für musikalische Aufführungen und vieles andere boten oft
unübersteigbare Hindernisse bei der Fortführung des Betriebes."[297]

Für das Jahr 1948 werden 193.000 zahlende Besucher gezählt, denen
109.000 nichtverkaufte Karten und 28.000 Freikarten gegenüberstehen (*wer
sie erhalten hat, darüber schweigt des Sängers Höflichkeit*[298]). Laut Statistik
geht 1948 jeder Salzburger durchschnittlich $1^1/_2$mal ins Theater aber 13mal
ins Kino. Um das Defizit einigermaßen zu reduzieren, beschließt die Landesregierung 1949, die Sparte Oper im Landestheater einzustellen. Begrün-

---

297 Salzburgs Aufbautätigkeit. Führer durch die Ausstellung auf der Festung Hohensalzburg 27. Juli
      bis 31. August 1948
298 Salzburger Nachrichten 8. 4. 1949

dung: Die Spielgattungen Schauspiel und Operette seien billiger und würden mehr Geld einspielen als die kostenenintensiveren Opern. In den kommenden Jahren muß das Salzburger Publikum ohne Opernproduktionen auskommen.

Otto Emmerich Groh heißt der dritte Intendant, den das Landestheater und seine Besucher seit 1945 zu Gesicht bekommen. Aber bereits im Mai 1950, kurz vor Ende der Spielzeit, wird

28 *„Der eingebildete Kranke", Landestheater 1954*
(Foto: A. Madner © by A. Scope)

er vom Dienst suspendiert und gegen ihn ein Hausverbot erlassen. Eine sofortige Untersuchung der gesamten Geschäftsgebarung wird angeordnet. Die Vorwürfe gegen den suspendierten Direktor betreffen vor allem dessen Spielplangestaltung, sowohl vom künstlerischen als auch vom budgetären Standpunkt. Wieder sei es nicht möglich gewesen, ein Jahresprogramm aufzustellen, lautet der Vorwurf, *sowohl Schauspiel- wie Operettenpremieren wurden meist nur wenige Tage vor der Aufführung bekanntgegeben und oft zu den ungünstigsten Terminen angesetzt. [. . .] Der Aufwand an Operettengästen stand oft in keinem Verhältnis zu der Qualität und Publikumswirksamkeit der Stücke.*[299]

Noch immer ist kein Ende der Krise in Sicht. Grohs interimistischer Nachfolger stirbt im Oktober 1950 überraschend, die „Salzburger Nachrichten" starten in Zusammenarbeit mit der „Adalbert-Stifter-Gemeinde" eine schriftliche „Umfrage zur Theaterkrise"[300] und der Posten des Intendanten wird neu ausgeschrieben. Überraschenderweise bewerben sich 32 Theaterfachleute aus Österreich, Deutschland und der Schweiz um den Schleudersitz im Landestheater. Vom künftigen Theaterdirektor werden ein dem Ruf Salzburgs entsprechendes künstlerisches Niveau, eine sparsame Betriebsführung, der Ausbau der Publikumsorganisation und, nicht unwichtig, möglichst geringe Gehaltsvorstellungen verlangt.

Im Februar 1951 endlich bekommt das Landestheater einen neuen Intendanten: Peter Stanchina betritt die Bühne. Stanchina, der zuvor an mehreren deutschen Bühnen die Stelle eines Oberspielleiters innehatte, Gastspiele in verschiedenen europäischen Städten und in Südamerika absolvierte

299 Salzburger Nachrichten 31. 5. 1950
300 Salzburger Nachrichten 2. 12. 1950

und bereits 1943/44 Intendant am Salzburger Landestheater war, bezieht für seine Tätigkeit als Direktor und Oberspielleiter ein Gehalt von 2.146 Schilling brutto plus einen monatlichen Pauschalbetrag für Regie- und Spielhonorare (unbekannter Höhe) plus eine Aufwandsentschädigung (unbekannter Höhe).

Weiterhin bestimmen Operette und leichte Schauspiele die Theaterszene. Stanchina versucht allerdings durch die Installierung eines „Opernstudios", mit Gastspielen und Perfektionsaufführungen für junge Künstler diese Sparte wieder in seinem Haus zu etablieren. Als Bühnenbildner verpflichtet er Günther Schneider-Siemssen. Aber auch während der Intendanz Stanchinas bleiben die Kritiken nicht aus. In einer Pressekonferenz, die im März 1953 von Vertretern des Ensembles unter Beisein des Theaterbetriebsrats einberufen wird, wird auf die mangelnde Programmgestaltung und Personalpolitik des Intendanten hingewiesen.

„Dieses Versagen des ‚Unternehmers' Stanchina [. . .] zeigte sich vor allem im laufenden Theaterjahr, in dem auch das breite Publikum eine einigermaßen funktionierende Programmgestaltung deutlich vermißt und hinsichtlich der Aufführungen selbst trotz einzelner gelungener Premieren das Fehlen einer festen Hand immer gefährlicher in Erscheinung tritt."[301]

Konkret wird Stanchina vorgeworfen, daß vom vorgesehenen Programm der Spielzeit 1952/53 bis jetzt nur ein Bruchteil verwirklicht wurde: Statt der 24 versprochenen Schauspiele wurden nur 4 aufgeführt, von 19 Operetten nur 8, von 4 Opern nur 2.

„Peter Stanchina hat also gerade das zuwegegebracht, was er selbst in seinem Abonnement-Aufruf zu vermeiden versprach: ‚Zufälligkeiten soweit als möglich auszuschalten'."[302]

Die Antwort Stanchinas folgt auf dem Fuße. In einem Vortrag veranstaltet vom Salzburger Universitätswerk gibt Stanchina im März 1953 zu bedenken, daß das Theater in Salzburg von allen österreichischen Bühnen am wenigsten Zuschuß empfange, *um eine Million Schilling weniger sogar als Klagenfurt.*[303] Das Landestheater könne wegen seiner beschränkten finanziellen Lage keine einzige Entscheidung aus nur künstlerischen Gründen heraus treffen, das Haus besitze kein eigenes Orchester und, auf die Gehaltsproblematik eingehend, *in dieser Spielzeit sind zehn Mitgliedern des Ensembles von auswärtigen Bühnen bis zu 300 Prozent mehr Gage geboten worden als sie in Salzburg erhalten konnten.*[304] Tatsächlich sind die Gagen

301 Salzburger Nachrichten 18. 3. 1953
302 ebda.
303 Salzburger Nachrichten 27. 3. 1953
304 ebda.

für Schauspieler und Sänger nur um ein Alzerl höher als der Lohn unseres Facharbeiters.

Ein anderes Bild von Peter Stanchina vermittelt die Jubiläumsschrift „100 Jahre Haus am Makartplatz" von 1993. Hier wird Stanchinas Zeit in Salzburg als sehr produktiv geschildert.

„Die Intendanz Stanchinas vermittelte den Salzburgern ein weitgespanntes Repertoire, es reichte von einem repräsentativen Querschnitt durch die Weltliteratur über die Neubelebung vergessener Werke bis hin zu Erst- und Uraufführungen."[305]

1953 erhält Peter Stanchina den österreichischen Staatspreis für Theaterdirektoren zugesprochen. Dessen ungeachtet wiederholt sich bei Stanchina zwei Jahre darauf, was bereits seinen Vorgängern widerfahren ist: Der Finanzüberwachungsausschuß des Landes tritt auf den Plan und kündigt eine Überprüfung der Theaterfinanzen an.

29 Landestheater-Intendant Peter Stanchina (1951–1957) (Foto: A. Madner © by A. Scope)

In dieser gar nicht heilen Theaterwelt betritt Reporter B. das Landestheater, nicht über den Haupteingang, sondern durch das *Bühnentürl*, wie er seinen Lesern im November 1952 mitteilt.[306] Bs. Reportage geht kaum auf die anhaltenden Krisen des Hauses ein, sondern berichtet über die bunte Welt, die sich dem Betrachter auf der Seiten- und Hinterbühne sowie auf dem Schnürboden eröffnet. Der (ganz bewußt?) wenig aufregende Artikel erzählt von dem vermeintlichen Durcheinander abgestellter Requisiten, von verstaubten Kulissen, die im Schnürboden hängen und von der Nervosität der Schauspiel-, Gesangs- und Tanzinterpreten während der Probe.

„Daneben hört man ausgeglittene und ausgeglichene Schreie aus weiblichen Kehlen, die Zehenspitzen kleiner, charmanter Tänzerinnen und die gewaltige Stimme des Regisseurs, der ständig zwischen größter Verzweiflung und hellster Zufriedenheit schwankt. Wie jeder Regisseur aber verweigert auch dieser das nähere Begutachten

---

305 Gisela Prossnitz, Eine Salzburger Theatergeschichte. In: Lutz Hochstraate (Hg.), 100 Jahre Haus am Makartplatz. Salzburger Landestheater. Salzburg 1993, S. 109

306 Th. B., Vor und hinter den Kulissen. In: Demokratisches Volksblatt 27. 11. 1952

und Herumspionieren zwischen den durchaus nicht hieb- und stoßfesten Kulissen und gibt uns den guten Rat, am Tag der Erstaufführung wieder zu kommen . . ."[307]

Nur der Einleitungssatz deutet auf jenen brisanten Artikel aus Bs. Feder hin, der ziemlich genau zwei Jahre später nachfolgen sollte:

„Wie oft nahmen wir schon in den roten Plüschsesseln des vollen oder leeren Hauses an der Schwarzstraße [. . .] Platz, um auf eine bereits durch alle Welt gegangene Tragödie, ein Schauspiel landläufiger Art oder ein leichtbeschwingtes Lustspiel zu warten?"[308]

Im Dezember 1955, B. hat seine Schreibtätigkeit für das „Demokratische Volksblatt" bereits beendet und sich einer Ausbildung am Schauspielseminar des Mozarteums zugewandt, veröffentlicht die in Wien erscheinende katholische Wochenzeitung „Furche" einen mit „Thomas Bernhard, Salzburg" gezeichneten Artikel. Überschrift: *Salzburg wartet auf ein Theaterstück*.[309] Darin schießt B. giftige Pfeile gegen das Salzburger Landestheater und die seiner Meinung nach zu billige Programmgestaltung ab. B. bürdet sich keinerlei journalistische Zurückhaltung mehr auf. Der scharfe Artikel kündet jenen B. an, wie wir ihn später alle kennenlernen und kennen.

„Wir warten. Wir warten noch immer darauf, daß das Salzburger Landestheater endlich einmal ein Theaterstück herausbringt, das in den Kulturspalten diskutabel ist. Seit zwei Jahren warten wir auf das entsprechende Stück und auf die entsprechende Inszenierung, und das Unbehagen wird mit jedem Theatersemester größer. Bald wird auch der letzte Hoffnungsschimmer geschwunden sein und die Bretter rechts der Salzach, die Bretter dieses einzigartigen österreichischen Kammertheaters, werden nur noch ein Rummelplatz des Dilettantismus ein."[310]

Weit holt B. zum vernichtenden Schlag gegen das Theater auf dem *Niveau einer Bauernbühne* aus.[311] Das Haus kranke an chronischer Phantasielosigkeit und die Bühne sei einmal keine Versicherungsanstalt. Hält man die Einwohner Salzburgs wirklich für so dumm, fragt B., daß man sich ihnen nichts als sauer gewordene Schlagobersmärchen vorzusetzen getraut.
    Peter Stanchina klagt wegen Ehrenbeleidigung, in der daraufolgenden Verhandlung wird B. aber freigesprochen. Daraufhin legt Stanchina Berufung ein, der stattgegeben wird. Das Urteil wird aufgehoben und an die 1. Instanz zurückgewiesen. Inzwischen sind seit dem Erscheinen des Artikels 15 Monate vergangen. Im März 1957 wird B. schließlich doch für schuldig befunden und zu einer Strafe von 300 Schilling oder 5 Tagen Arrest verur-

---

307 ebda.
308 ebda.
309 Thomas Bernhard, Salzburg wartet auf ein Theaterstück. In: Furche 3. 12. 1955
310 ebda.
311 ebda.

teilt. B. legt nun seinerseits Berufung ein, der im März 1959 stattgegeben wird. Im Juli des Jahres, endlich, ist Schluß mit dem Gerichtsstreit, und zwar fast typisch österreichisch: Stanchina zieht seine Klage zurück und der Prozeß endet mit einem Vergleich.[312] Doch zu diesem Zeitpunkt heißt der Landestheaterintendant schon längst Fritz Klingenbeck.

5.3. Bildungslücken beheben

In der kargen Kulturszene der frühen fünfziger Jahre spielt die Salzburger Volkshochschule eine entscheidende Rolle. Diese 1947 gegründete Institution hat es sich zur selbst gestellten Aufgabe gemacht, *den Menschen unserer Tage zu den Quellen echter Bildung hinzuführen*.[313] Neben ihrem im Laufe der Jahre immer umfangreicher werdenden Angebot an Fremdsprachen, kaufmännischen Kursen, Praxiskursen, Körperausbildung und so weiter wird die Volkshochschule durch die Installierung diverser Sondereinrichtungen zu einem wichtigen Faktor im Salzburger Kulturgeschehen. Das „Auditorium Academicum" besteht seit 1953 und vermittelt akademische Vorlesungen aus den verschiedenen Fachgebieten.

Als eine wichtige Einrichtung erweist sich das von Walter Seidlhofer 1948 gegründete „Salzburger Lesestudio". Im Lesestudio werden in Form der szenischen Lesung klassische und moderne Werke der Weltliteratur mit Kräften des Landestheaters und des Schauspielseminars des Mozarteums gebracht. Hier ist B. ständiger Gast, aufmerksamer Zuhörer und kritischer Berichterstatter. 1953 beglückwünscht der literaturinteressierte B. das Lesestudio zu seinem fünfjährigen Bestand.

„Wer das Lesestudio in dieser abgelaufenen Zeit besuchte, weiß es zu schätzen. Theater im reinsten Sinne des Wortes wurde hier auf eine besondere Art unzähligen Hörern vermittelt. Was man sonst selten findet, wurde hier in fünf Jahren dargeboten. Neues, Schönes, Wertvolles, Bleibendes."[314]

Was man sonst selten findet: B. findet für eine Einrichtung vollstes Lob, ohne Einschränkung und Abstriche. Zahlreiche Einzelrezensionen von gegebenen Stücken finden ihren Weg in die Zeitung. Zwei Beispiele: In „Ein Phönix zuviel" von Christopher Fry freut sich der 22jährige B., daß *sich eine Menge junger Leute eingefunden hatte, um die moderne englische Dichtung kennenzulernen*[315], und die Aufführung „Der blitzende Strom" von Charles

---

312 siehe dazu: Jens Dittmar (Hg.): Sehr geschätzte Redaktion. Leserbriefe von und über Thomas Bernhard. Wien 1991, S. 9ff.

313 5 Jahre Salzburger Volkshochschule 1947–1952. Salzburg 1952, S. 3

314 Th. B., Fünf Jahre Lesestudio. In: Demokratisches Volksblatt 23. 10. 1953

315 Th. B., Ein Spiel von Christopher Fry. In: Demokratisches Volksblatt 23. 1. 1953

Morgan *kann als ein voller Erfolg bezeichnet werden. [. . .] Doktor Walter Seidlhofer als Initiator gebührt aufrichtiger Dank, aber in nicht geringerem Maße der Jugend, die immer so zahlreich erschienen war.*[316]

Auch an den Abenden des „Filmklubs der Volkshochschule" zeigt sich B. äußerst interessiert. Die Veranstaltungen des Filmklubs, die Spiel- und Kulturfilme zeigen, werden durch Vorträge eingeleitet, *die das moderne Kunstmittel des Films im Zusammenhang mit der künstlerischen Situation der Gegenwart behandeln.*[317] B. berichtet in diesem Zusammenhang zum Beispiel von einem Kultur-Tierfilm über das Denkvermögen der Tiere[318], bespricht Filmabende über die Maler Vincent van Gogh und Henri de Tou-louse-Lautrec (O-Ton B.: *Das Los des wahren Künstlers ist immer dasselbe. Er muß schaffen, schaffen und leiden.*)[319], erzählt von einem Filmvortrag über Kanada[320] oder von Filmen über Jean-Antoine Watteau, Henri Rous-seau und Edouard Manet. Auch in diesem Fall: einhellige Zustimmung. *Der Beifall am Ende der Vorführung war herzlich – man sieht eben nur selten Derartiges.*[321]

Zahlreiche Einzelveranstaltungen ergänzen das teils kulturelle teils bunt durchmischte Sonderprogramm der Volkshochschule. Die Bandbreite ist groß: Prof. Hermann Gamerith zeigt Farbbilder „Zwischen Gardasee, Mont-blanc und Genua", Prof. Sündermann berichtet über „Musikalische Gra-phik" und Dr. Deutsch hält einen Vortrag über „Technisches Rüstzeug für das Zelten". B. besucht unter anderem einen Vortrag über ökonomische Ernährung *(Haferflocken am Morgen, Haferflocken am Mittag, Haferflocken am Abend. Das wäre Diät zum Gesundwerden.)*[322] oder eine Trachtenschau in Zusammenarbeit mit dem Salzburger Heimatwerk.[323] Besonderes Augen-merk richtet B. auf Dichterlesungen, die er durchwegs positiv beurteilt. Nur ein einziges Mal spart der Berichterstatter des „Demokratischen Volks-blatts" nicht mir herber Kritik an einer solchen Lesung, wobei er den Namen des Dichters ungewohnt rücksichtsvoll verschweigt.

„In einem Hörsaal der theologischen Fakultät stellte die Salzburger Volkshochschule Mittwoch abends wieder einen ‚Dichter' vor. Wir wollen über die gelesenen Verse und über die vortragende Prosa den Mantel des Verzeihens breiten, denn auch die Bemühung ist ihre Anerkennung wert. Man muß aber feststellen, daß, wenn die

---

316 Th. B., Charles Morgan in der Volkshochschule. In: Demokratisches Volksblatt 7. 2. 1953
317 Salzburger Volkshochschule. Arbeitsplan 1954, S. 42
318 Th. B., Tiere als dankbare Filmstars. In: Demokratisches Volksblatt 7. 2. 1953
319 Th. B., Van Gogh und Toulouse-Lautrec. In: Demokratisches Volksblatt 11. 4. 1953
320 Th. B., Großes lebendiges Kanada! In: Demokratisches Volksblatt 22. 4. 1953
321 Th. B., Von Watteau zum Photographen. In: Demokratisches Volksblatt 2. 6. 1953
322 Th. B., Nicht vergessen: Richtig essen! In: Demokratisches Volksblatt 9. 4. 1953
323 Th. B., Salzburger Tracht in der Residenz. In: Demokratisches Volksblatt 30. 10. 1953

Volkshochschule diesen Weg weitergeht und um jeden Preis Dichter entdecken will, bald niemand mehr in Salzburg ihre ‚Dichterlesungen' besuchen wird."[324]

Im Zeitraum von 1947 bis 1957 gab es, so meldet die Statistik der Volkshochschule stolz, 3.729 Einzelveranstaltungen. Darunter fallen Vorträge, musikalische und literarische Veranstaltungen, Führungen und Ausstellungen, die von genau 328.128 Personen besucht wurden.

6. Ein Mississippi-Dampfer in der Innenstadt

Es wird gebaut. An allen Ecken und Enden. Wohnhäuser, Geschäftshäuser, Tankstellen, Hotels, Spitäler, Straßen, Betriebsgebäude, Garagen und und und. Stand in den ersten Nachkriegsjahren die Wiederherstellung im Vordergrund, so wird Salzburg jetzt, in den fünfziger Jahren, von einem Bauboom erfaßt, wie ihn die Stadt zuvor nur einmal, und zwar in der Zeit nach der Schleifung der barocken Befestigungsanlagen bis 1914 erlebt hat. Der Bedarf an fest umbautem Raum ist enorm. Die im Laufe der fünfziger Jahre in die Höhe schießenden Bauten lassen einerseits völlig neue Stadtviertel entstehen, andererseits verändert die Stadt in ihrem Altbestand wieder einmal ihr Gesicht.

Gerade im Wohnbau muß einiges nach- und aufgeholt werden. Der Zweckbau dominiert das Streben nach rascher Fertigstellung dringend benötigter Wohnungen. Zwischen 1950 und 1956 werden 6.000 Wohneinheiten als fertiggestellt gemeldet. Vier-, fünf- und sechsgeschossige langgestreckte, wenig gegliederte Wohngebäude sind die Regel. Die Wohnbauten stehen zwangsläufig bis in die Gegenwart, während Geschäfts-, Büro- und Betriebsgebäude aus dieser heute ungeliebten Architekturperiode zum Teil schon wieder dem Erdboden gleichgemacht wurden, um noch schöneren (profitableren) Gebäudeanlagen Platz zu machen.

Einen großen städtebaulichen Brocken bildet Anfang der fünfziger Jahre das Areal rund um den Hauptbahnhof. Das Hauptaugenmerk liegt dabei auf der Bombenruine des ehemaligen Grand Hotels Europe und seiner weitläufigen Anlage. Ab 1951 geht die Stadt daran, *das Gelände um den Salzburger Hauptbahnhof einer großzügigen städtebaulichen Neuordnung zu unterziehen, die diesem Stadtbereich ein völlig anderes Gesicht verleihen würde.*[325] Denn, so wird argumentiert, es sei vollkommen verfehlt, *nun kurzsichtige Lösungen anzustreben, sondern, daß sich nun die einmalige Gelegenheit bietet, wirklich eine städtebauliche Tat zu setzen.*[326] Die „städtebauliche Tat"

---

324 Th. B., Um jeden Preis? In: Demokratisches Volksblatt 2. 4. 1954
325 Salzburger Nachrichten 22. 8. 1951
326 ebda.

besteht darin, den Bahnhofsvorplatz von zwei Lokalbahnhöfen freizuma-
chen, statt dessen einen Autobusbahnhof hinzustellen, und mit neuen
Wohn- und Geschäftshäusern zu umkränzen. Die Nordseite des Platzes wird
durch den sogenannten Postturm begrenzt (inzwischen demoliert). Die
ehemalige Parkanlage des Hotels Europe wird nach Abtragung der Hotel-
ruine durch eine langgestreckte Häuserzeile, mehrere Wohnblocks und den
sogenannten Fordhof verbaut. Prunkstück des neuen Bahnhofsplatzes wird
das neue Hotel Europa, mit 14 Stockwerken Salzburgs erstes Hochhaus. Im
Sommer 1956 ist der Rohbau fertig und ein Jahr darauf feiert Salzburg die
Fertigstellung eines der modernsten Bauten der Stadt. *Seine Silhouette erinnert an diejenige des UN-Gebäudes in New York*[327], werden kühne Vergleiche
gezogen.

Zeitungsreporter B. gibt sich mit Architektur und städtebaulichen Fragen
so gut wie gar nicht ab. Ein einziger Artikel streift fast spielerisch den
ungehemmten Bauboom in der Stadt. Unklar ist, worauf sich unten wieder-
gegebene Aussage bezieht; auf das neue Hotel Europa sicher nicht, da mit
dessen Bau erst ein Jahr nach besagtem Artikel begonnen wurde.

„Vor dem Bahnhof wächst ein Koloß. Er wächst und wächst. Alle sind neugierig, wie
lange er noch wachsen wird. Sechs Stockwerke hat er schon, aussieht er wie das
Gerippe eines modernen Sauriers. Jedenfalls, alle, die von Seekirchen oder Koth-
gumprechting kommen, reißen den Mund auf, über soviel Großstadt auf einmal,
gleich beim Aussteigen."[328]

Das Hotel Europa besitzt in Salzburg wenig Freunde. Der Witz, der beste
Platz in Salzburg sei das Europa-Dachcafé, weil man dann das Gebäude
nicht sieht, kursiert auch noch in den neunziger Jahren. Vierzig Jahre nach
Bauvollendung werden Pläne gewälzt, das Hochhaus wieder abzureißen
oder zumindest um einige Stockwerke zu stutzen (inzwischen noch nicht
demoliert).

B. kommt in selbigem Artikel auf einen zweiten typischen Bau der fünfziger Jahre zu sprechen. 1954 wird ein einstöckiger Pavillon auf den Ferdi-
nand-Hanusch-Platz gesetzt. „Glas-‚Sandwich'" wird er in einer Zeitung von
damals genannt[329], „Mississippi-Dampfer" nennt ihn der Volksmund.

„Einmal, vor Jahresfrist [1954, Anm.], war die ganze Stadt in Aufruhr. Die ganze (oder
doch nur die halbe) Stadt spielte Gegnerschaft. Gegen wen? Gegen das Gebäude vor
der Realschule. [. . .] Einstöckig und waghalsig modern steht der ‚Glaspalast' nun da.
Man könnte streiten, d. h. man wird es tun, aber schließlich muß sich doch jeder

---

327 Salzburger Nachrichten 12. 11. 1955
328 Thomas Bernhard, Salzburger Vor-Weihnacht. In: Demokratisches Volksblatt 4. 12. 1954
329 Salzburger Volksblatt 9. 1. 1954

sagen, daß eine elegante Hütte anno 1954 daraus geworden ist, die letzten Endes jeden anspricht. [...] Und die Salzburger stehen da und wundern sich, wie sowas ‚Glasiges‘ eigentlich ‚zsammhalt‘.“[330]

Das „luftige“ Gebäude mit kleinen Geschäftslokalen, dem Kartenbüro der Verkehrsbetriebe, einer unterirdischen WC-Anlage und einem Dach-Café steht 20 Jahre. 17. April 1974: *Das allgemein als störend empfundene Gebäude muß einer Neugestaltung des Ferdinand-Hanusch-Platzes weichen.*[331] So heißt es auch hier: „Mississippi-Dampfer“ inzwischen demoliert.

30 *Unfallkrankenhaus, erbaut 1950–1952, davor die 1949 eröffnete Esso-Station*
(Foto: AStS)

Im Februar 1954 nach der Spatenstichfeier in der Franz-Josef-Straße *donnerten mehrere Preßlufthämmer los und gaben so das Zeichen zum Arbeitsbeginn.*[332] Hermann Winkler, seines Zeichens Inhaber des Grand Cafés auf dem Mönchsberg läßt in der Stadt ein modernes Reisehotel mit 100 Zimmern, Konferenzzimmer, Bar, Grill-Restaurant und Café errichten. Das siebenstöckige Hotel mit weißer Fassade und 200 Balkonen trägt sichtlich zur Irritation unseres jungen Zeitungsreporters bei.

„Das Hotel Winkler in der Franz-Josef-Straße zum Beispiel ist ein ausgesprochen glücklicher Griff für den Bauherrn. Es ist ein Rätsel, wie die Leute dort wohnen werden – ohne sich den Kopf anzustoßen. Auf drei alte Stockwerke des Nebenhauses fallen fünfeinhalb des neuen. Nichts für ungut, aber ‚durch diese hohlen Kammerln wird keiner kommen ...‘ Ein Türschild ‚Nur bis Größe 1.66 und darunter‘ ist angezeigt.“[333]

Kein Grund zur Panik, niemand stößt sich heute mehr den Kopf an, denn: inzwischen demoliert. Selbiges Schicksal ereilt unter anderem auch die 1950 bis 1952 errichtete Keksfabrik der Julius Meinl AG und das Bürogebäude am Makartplatz. Letzteres muß wegen eines Vorhabens der neunziger

330 Thomas Bernhard, Salzburger Vor-Weihnacht. In: Demokratisches Volksblatt 4. 12. 1954
331 Erich Marx, Thomas Weidenholzer: Chronik der Stadt Salzburg 1970–1979. Schriftenreihe des Archivs der Stadt Salzburg, Nr. 5. Salzburg 1993, S. 108
332 Salzburger Nachrichten 27. 2. 1954
333 Thomas Bernhard, Salzburger Vor-Weihnacht. In: Demokratisches Volksblatt 4. 12. 1954

31 Prospekt „Hotel Winkler"

Jahre weichen: Das teilweise durch Bomben zerstörte Mozart-Wohnhaus wird nach alten Bildvorlagen stilecht wiederaufgebaut. Damals, in den Fünfzigern, lehnte man eine Baufälschung noch ab: *Wo Kriegswüten ein Schatzkästlein einer lieben Mozart-Erinnerung vernichtete, da wäre jede Imitation, jedes nachahmende Wiederaufbauen zu zerstörendem Kitsch geworden.*[334]

Auch sonst besteht keinerlei Grund, Panik aufkommen zu lassen. Es gibt auch etliche Bauwerke aus jener Zeit, die die dazwischen liegenden Dezennien bis zur Gegenwart widerspruchslos überstanden. Dazu zählen etwa der Komplex des Unfallkrankenhauses, das Kurhaus mit Hallenbad, das Kongreßhaus (noch), das Stadtkinohaus (teilweise), das Gebäude der II. Chirurgie des Landeskrankenhauses, die Zweigstelle der Oesterreichischen Nationalbank in der Franz-Josef-Straße oder die Kirche im Stadtteil Parsch.

Besonders intensiv wird im Jahr 1954 gebaut und geplant. *Noch ist die Erde starr vom ungewöhnlich harten und langen Frost dieses Winters,* leitet das „Salzburger Volksblatt" im Jargon früherer Jahre die Bausaison '54 ein, *so daß überall dort, wo durchgehend fortgesetzte Bauarbeiten Erdbewegungen notwendig machen, der Preßluftbohrer dem Bagger und der Schaufel das Material lockern muß. Aber schon in wenigen Wochen wird die Sonne das*

334 Lebendiges Salzburg. O. O. o. J. (Salzburg 1953), S. 51

Zeichen zum Beginn der Bausaison 1954 geben.[335] In diesem Jahr wird mit dem Bau von Salzburgs erster und einziger Satellitenstadt begonnen. Andere als baureif beschriebene Projekte bleiben Makulatur, wie etwa die Erbauung eines Kurhotels auf dem Gaisbergsplateau, der „bevorstehende" Bau eines neuen Funkhauses, eine Verbauung des Mirabellplatzes links und rechts der Andräkirche, die Verbauung des Volksgartens, die Errichtung neuer Salzachbrücken, Tunnels durch die Stadtberge oder eine Gondelbahn auf den Gaisberg.

Conclusio: Markante Gebäude aus dieser Zeit sind wenige erhalten, die architektonische Repräsentanz ergibt sich durch die Quantität der errichteten Wohnbauten.

7. Ein zartes Pflänzchen will hoch hinaus – Der Fremdenverkehr

Der Aufbau eines funktionierenden Fremdenverkehrs ist in den ersten Nachkriegsjahren mit großen Schwierigkeiten verbunden. Die Jahre 1945 bis 1948 sind von Versorgungsengpässen geprägt, von mangelnden Unterkunftsmöglichkeiten und allgemein fehlender Infrastruktur. Die Attraktivität einer durch die Kriegsfolgen darniederliegenden Stadt hält sich in Grenzen. Den Anstoß für den Beginn eines Ausländerfremdenverkehrs gibt die „Ausländerhotelaktion" von 1947: Die Gäste versorgen sich im Heimatland mit Hotel-, Verpflegungs- und Warenbons, deren Dollarerlös zum Einkauf von Lebensmitteln und Waren im Ausland berechtigt. Die Verpflegsbasis beträgt 4.600 Kalorien pro Tag. Konflikte mit der einheimischen Bevölkerung können da nicht ausbleiben. Im Sommer 1947 kommt es wegen mangelnder Lebensmittelzuteilung an die einheimische Bevölkerung bei gleichzeitiger Verpflegung der Fremden zu einem Arbeiterstreik. Salzburg steht in diesen Jahren vor den Trümmern seines Fremdenverkehrs.

„Die Verbindungen mit dem Ausland sind noch abgeschnitten, die Fremdenorte überfüllt mit Flüchtlingen, die Gasthöfe und Hotels zweckentfremdet, besetzt oder ruiniert. Trostlos ist noch immer unsere Ernährungslage. [. . .] Der Fremdenverkehr ist es, der uns neuen Wohlstand bringen kann. Seine Bedeutung liegt aber auch darin, daß er uns in der Welt wieder Freunde erstehen läßt."[336]

Bezeichnend ist die Fremdenverkehrsstatistik des Festspielmonats August 1947. Die meisten der 10.385 in Gasthöfen und Privatquartieren abgestiege-

---

335 Salzburger Volksblatt 11. 2. 1954
336 Salzburger Nachrichten 28. 2. 1947

nen Gäste sind Inländer und kommen aus Wien, an ausländischen Gästen reisen nur 120 Briten, 114 Zivilamerikaner, 73 Schweizer, 59 Italiener, 37 Holländer, 10 Belgier, 55 Franzosen und 87 Russen an.

Mit den Jahren kommen aber auch wieder die Fremden. Ab 1949, mit dem Einsetzen einer Normalisierung der Lebensverhältnisse, ist in Salzburg auch wieder breiterer Raum für Touristen vorhanden. *Anmeldungsgemäß werden wir dieses Jahr die ersten Friedensfestspiele haben*[337], freut sich das Landesverkehrsamt über die gut anlaufende Saison von 1949. Gleichzeitig ist man aber besorgt, die vielen erwarteten Gäste unterbringen zu können, da die großen Hotels die Amerikaner besetzt halten, andere Häuser für das Festspielpersonal reserviert werden müssen, und das einstige Luxushotel Europe als Ruine dahindarbt. *Sein traurig desolater Zustand bietet dem am Bahnhof ankommenden Fremden keinen freundlichen Willkommensgruß.*[338] Viele Festspielgäste weichen daher auf Quartiere im Umland aus: St.Gilgen, Mondsee, Schloßhotel Fuschl. Oder sie steigen in Badgastein ab, das im Sommer durch einen „Festspielexpreß" mit Salzburg verbunden ist (46 Schilling tour-retour). 1949 legt die Stadt einen Fremdenverkehrspro-spekt auf und ein „Praktischer Salzburger Stadtführer"[339] weist dem Frem-den den Weg zu Sehenwürdigkeiten, Ausflugszielen, Gastlokalen und be-wachten Fahrradparkplätzen. Von den im Jahr 1949 166.000 gemeldeten Fremden kommen bereits 32.000 aus dem Ausland. Im Unterschied zu jenem der Österreicher konzentriert sich der Aufenthalt der Ausländer fast ausschließlich auf die Sommermonate Juli, August und September.

Bis 1952 klettert die Zahl der „gemeldeten Fremden" auf 266.000 Perso-nen. Dazu kommen die zahlreichen Touristen, die mit dem Auto unterwegs sind und sich in Salzburg aufhalten, ohne hier zu nächtigen. Im Festspiel-monat August 1952 steigen in Salzburg 38.000 Personen ab. Das sind um 6.000 Gäste weniger als im August des vorangegangenen Jahres. Die Frem-denverkehrsexperten der Stadt begründen den Rückgang mit den allgemein gestiegenen Preisen in der Hotel- und Gastronomiebranche. Viele Fremde würden sich ein billigeres Quartier außerhalb der Stadt suchen, ein Privat-zimmer nehmen oder auf einem Campingplatz ihr Zelt aufschlagen. Das Vermieten von Privatzimmern erweist sich als lukrativer Nebenerwerb. Nicht wenige Salzburger räumen für die Sommersaison ein oder zwei Zim-mer ihrer Wohnung und schicken die Kinder aufs Land, um die Zimmer zahlenden Gästen zu überlassen. Manche Festspielkünstler haben auf Jahre ihr Stammquartier bei ein und derselben Salzburger Familie. In der Stadt sind nur die kostengünstigen Hotels voll belegt, und der Fremdenverkehrs-

---

337 Salzburger Nachrichten 14. 6. 1949
338 ebda.
339 Praktischer Salzburger Stadtführer und Geschäftsweiser. Fremdenführer-Serie Band 1 Salzburg
    o. J. (1949)

bericht der Polizeidirektion gibt zu, *daß die behördlich genehmigten Preise Gegenstand zahlloser Kritiken, Klagen und Beschwerden gewesen seien.*[340]

Um zu hohe Preise geht es auch in den Antworten jener Touristen, die Lokalberichterstatter B. nach deren Salzburg-Eindrücke befragt. Mister Idlewood aus Manchester im grünen Schnürlsamtsakko macht *auf die bescheidene Frage nach dem von ihm täglich zu erlegenden Pensionspreis ein bittersüßes Gesicht. Er nannte eine schwindelerregende Summe [. . .].*[341] Zwei befragte Schweizer zahlen für ein Zweibettzimmer in Maxglan 140 Schilling und die von B. im Hof des Studiengebäudes angesprochenen Amerikanerinnen sprechen zwar kaum deutsch, *und doch verstand man, daß es „nämlich nirgends so teuer ist, wie in Salzburg . . .*"[342] Viele der Festspielbesucher, so konstatiert auch B. den allgemeinen Trend, wohnen lieber in Privatquartieren, wo sie vor unvorhergesehenen „Prozentanhäufungen" einigermaßen sicher seien.

„Sind auch alle Fremden von der bezaubernden Atmosphäre der Mozartstadt eingefangen und von ihren Sehenswürdigkeiten ergriffen, so bemängeln sie doch die ‚Haltlosigkeit' der Hotel- und Gaststättenpreise."[343]

Aus diesem Grund erfreut sich der 1952 eröffnete erste Campingplatz Salzburgs im Stadtteil Aigen am Fuße des Gaisbergs eines gewaltigen Andrangs. Für 2,50 Schilling pro Person und Tag läßt es sich in Salzburg leichter (und länger) leben. B. sieht sich im „Hotel zur grünen Wiese" um und entdeckt die internationalste aller Salzburger Herbergen: Er findet Schweizer, Briten, Franzosen, Portugiesen, Schweden, Wiener, Deutsche und noch viele andere Nationen.

„Unter mächtigen Buchen haben die Gäste ihre Zelte aufgeschlagen. Aus aller Welt kommen sie hierher, per Auto, Motorrad und Vespa, mit und ohne Anhang, fröhlich und beglückt von der österreichischen Landschaft. [. . .] Hier gibt es wohl viel verschiedene Sprachen, aber sonst kaum irgendwelche Gegensätze."[344]

(Kaum zwei Wochen nach Bs. Camping-Reportage im „Demokratischen volksblatt" erscheint übrigens in den „Salzburger Nachrichten" Gerd Bachers Camping-Story.[345] Den Kopf habe er sich nach einer „typischen Story" zermartert, so Bacher, bis ihn ein Schweizer nach dem Campingplatz gefragt habe und er auf diese Weise zu seinem Thema gekommen sei. Anson-

340 Demokratisches Volksblatt 26. 9. 1952
341 Th. B., Deine Meinung, lieber Fremder . . . In: Demokratisches Volksblatt 6. 8. 1952
342 ebda.
343 ebda.
344 Th. B., „Hotel zur grünen Wiese". In: Demokratisches Volksblatt 4. 8. 1952
345 Gerd Bacher, Salzburger Welttheater in Wohnwagen und Zelt. In: Salzburger Nachrichten 16. 8. 1952

sten erinnert Bachers „story" thematisch stark an Bs. Reportage.) Ein Drittel der August-Camper tauscht am späten Nachmittag das Freizeitgewand mit der Abendgarderobe und begibt sich zu Oper oder Konzert ins Festspielhaus.

Von nun an nimmt der Fremdenstrom von Jahr zu Jahr zu. „Fremdenverkehrsrekord in Salzburg", „Steigende Fremdenverkehrsziffern" oder ähnlich übertiteln die Zeitungen ihre Erfolgsmeldungen. In den Auslagen der Buchhandlungen findet sich zum Thema Salzburg mehr und mehr Schriftliches: Bildbände, Reiseführer, Hintergrundbücher. 1954 erscheint Josef Kauts „Salzburg von A-Z" (mit Beiträgen von B.), im selben Jahr widmet „Merian" der Mozartstadt ein Heft. Der Reiseführer „Salzburg und Nachbargebiete" gibt eine für Touristen nicht unwichtige Definition zum Stichwort „Schnürlregen" ab.

„Schnürlregen ist die Bezeichnung für einen lang andauernden, gleichmäßigen Regen ohne Windbeeinflussung, so daß der Eindruck niedergehender Wasserschnüre entsteht."[346]

Der Verkehr schwillt in den Sommermonaten bis zur (damaligen) Unerträglichkeit an, wenn zwischen 7 Uhr und 19 Uhr über 30.000 Autos über die Staatsbrücke rollen. Eine leichte Entspannung der Verkehrssituation erhofft man sich, als Ende 1952 Fußgängerampeln mit den Aufschriften „Fußgänger warte" und „Fußgänger gehe" installiert werden. *Ungefähr 330 Tage haben wir alle warten müssen, bis es nun wieder so weit ist, daß man auf der Staatsbrücke sieben geschlagene Minuten warten muß, um vom Platzl zum Rathaus zu kommen*[347], schreibt B. in seiner Reportage „Festliche Tage – am Rande gesehen", erschienen im Juli 1953, und vermittelt gleichzeitig die gängige Meinung vom ein-, höchstens zweimonatigen Sommertrubel gegenüber einer Kultur- und Gesellschaftswüste für den langen Rest des Jahres.

„Es ist schon eine Lust, vom Bahnhof durch die Rainerstraße zu wandeln. Was da alles mit Koffer und Pinkel hereinspaziert, ist kaum zu glauben. [...] Wir sind auch sehr stolz darauf, daß uns so viele fremde Leute mit roten und grünen Hüten und mit Brillen aus Fischbein besuchen. [...] Wenn sich nun am – hoffentlich sonnigen – Sonntag der Vorhang zum Festspiel zwischen Gaisberg und Camp Röder erhebt, dann loben wir Himmel und Erde, Musik und Krawall und warten dann wieder – nur ungefähr 330 gesegnete ruhige Tage . . ."[348]

---

346 Salzburg und Nachbargebiete. Führer durch Stadt und Land. Salzburg 1950, S. 11
347 Thomas Bernhard, Festliche Tage – am Rande gesehen. In: Demokratisches Volksblatt 24. 7. 1953
348 ebda.

8. Das geschriebene Wort

„Man sieht auch in Salzburg viele Leute durch die winterlichen Straßen und Gassen gehen, die ein Buch unter dem Arm haben. Manche tragen es auch mit Zwiebeln und Schweinskoteletts vereint, in der Einkaufstasche, aber das spielt keine Rolle. Wichtig ist, daß es da ist, das Buch!"[349]

Das literarische Leben der Stadt spielt sich in anderen Bahnen ab, leiser und weniger spektakulär als die alles überstrahlende Welt der Festspiele. Das Schwergewicht der Salzburger Nachkriegsliteratur und des Verlagsgeschäfts liegt bis in die späten fünfziger Jahre allerdings auf Restauration, Bewahrung und Weiterführung gängiger Autoren der Vorkriegs- und NS-Zeit, wie in Österreich insgesamt eine offiziell geförderte Antimoderne dem literarischen Leben vorgespannt wird. Eine *restaurative Tragikomödie*, meint Hans Höller in seiner 1993 erschienenen Monographie über Thomas Bernhard, wo die unbequeme Vergangenheit durch eine bequeme Österreich-Ideologie ersetzt wurde, *hinter deren Fassade der alte Ungeist ungebrochen in der Gegenwart fortwucherte.*[350]

Auch Bs. literarische Welt bewegt sich zum Teil innerhalb dieses Erfahrungshorizonts. Als Kulturberichterstatter seiner Zeitung bringt er ab 1952 regelmäßig Beiträge über Autorenlesungen, in Hintergrundgeschichten thematisiert er die Welt des Buches und der Literatur. B. nimmt sich dabei verstärkt der jüngeren Dichtergeneration an, seine Sympathie gilt trotzdem althergebracht dem echten Landleben mit den echten Menschen in echter Umgebung. Namen die in Bs. Literaturartikeln unter anderem zu lesen sind: Maria Zittrauer und Elisabeth Effenberger, Gerhard Amanshauser, Erwin Gimmelsberger und Georg Eberl, weiters Christine Busta, aber auch Erna Blaas.

Von Maria Zittrauers Gedichten, sie ist 1952 neben Josef Lassl die erste Preisträgerin des Trakl-Preises für Lyrik, zeigt sich B. außerordentlich angetan. Maria Zittrauer, für B. eine unbekannte und einfache Frau, die mit ungeschulter, aber ergreifender Stimme liest.

„Nach den ersten Proben wissen wir aber auch, daß wir es hier mit einer Dichterin zu tun haben, die, jung an Jahren, schon jene Höhe erreicht hat, die nur selten einem tuteil [!] wird, der glaubt, sein Leben mit Papier und Feder durchbringen zu müssen. [. . .] Die Dichterin hat den Trakl-Preis verdient!"[351]

Aus Bs. Besprechungen von Zittrauers Gedichten sprechen seine eigene Biographie und das literarische Erbe des Großvaters Johannes Freumbich-

---

349 Thomas Bernhard, Wir gehen in die Stadtbücherei . . . In: Demokratisches Volksblatt 17. 2. 1954
350 Hans Höller, Thomas Bernhard. Reinbek 1993, S. 61
351 Th. B., Gertrud Fussenegger und Maria Zittrauer. In: Demokratisches Volksblatt 27. 11. 1952

ler: Zittrauer schöpfe *aus der unvergleichlichen Musik ihrer und unserer Landschaft*, ihr Land scheint berufen, *die frohe Armut in hohem Maße zu verkörpern* und der Ablauf des Naturgeschehens spiegle sich in ihren liedhaften Versen, *in den Strophen der Vergängnis und der Trauer, in den Strophen des Geborenwerdens, des Liebens und der Einsamkeit.*[352] 1954 erscheint im Salzburger Otto-Müller-Verlag Zittrauers erster Gedichtband „Die Feuerlilie", der in der Folge von B. rezensiert wird.[353]

Elisabeth Effenberger und Gerhard Amanshauser erhalten 1952 den Trakl-Anerkennungspreis. Bs. Kommentar zu den Gedichten Effenbergers: *Betont frauliche, unselbständige Lyrik, entstanden aus nicht greifbaren Motiven, kaum verhalten und jedes wesentlich tieferen Empfindens entbehrend.*[354] Die Kritik an den Gedichten Amanshausers fällt kaum besser aus: *Unreif, wirkt unbeholfen, weiß noch nicht, woher und wohin.*[355]

Bs. eigene literarische Gehversuche sind in der von Landschaft und Heimat geprägten Tradition verwurzelt. Die ersten beiden abgedruckten Gedichte erscheinen 1950 im „Salzburger Volksblatt", ab 1952 veröffentlicht auch „seine" Zeitung, das „Demokratische Volksblatt", in unregelmäßigen Abständen Gedichte und kurze Erzählungen, angefangen von „Mein Weltenstück" am 20. 9. 1952 (Erstabdruck im Münchner „Merkur" am 22. 4. 1952) über „Die verrückte Magdalena" (17. 1. 1953) und „Das Vermächtnis" (21. 3. 1953) bis „Sieben Tannen, die die Welt bedeuten" am 24. 12. 1953 u. a. m. Viele Gedichte und Kurzgeschichten produziert B., wie man so sagt, für die Schublade, darauf wartend, eines Tages ans Licht der Öffentlichkeit gefördert zu werden. Im Dezember 1952 bietet sich B. erstmals die Möglichkeit eines öffentlichen Forums. Auf Einladung der Volkshochschule liest er aus eigenen Werken.

Einen weiteren Leseauftritt Bs. kündigt das „Demokratische Volksblatt" im Oktober 1953 an:

„Unser Mitarbeiter Thomas Bernhard wird am Freitag, den 16. Oktober, im Bundesgymnasium, Universitätsplatz 1, im Rahmen der Salzburger Volkshochschule aus eigenen Arbeiten lesen."[356]

Die Lesung ist eine Gemeinschaftsveranstaltung der Volkshochschule mit der „Vereinigung für volksnahe Kunst" und findet gemeinsam mit Georg Eberl, einem aus Piesendorf im Pinzgau stammenden Schriftsteller statt, der in der Tradition Peter Roseggers das einfache Landleben zum Inhalt seiner bis dahin erschienenen Bücher macht („Ich war ein lediges Kind", „Als ich

---

352 Th. B., Zwei Salzburger Dichter. In: Demokratisches Volksblatt 26. 3. 1953
353 Th. B., Die Gedichte der Maria Zittrauer. In: Demokratisches Volksblatt 14. 5. 1954
354 Th. B., Das nennt man gewerbliche Dichtung. In: Demokratisches Volksblatt 18. 4. 1953
355 Th. B., Zwei Salzburger Dichter. In: Demokratisches Volksblatt 26. 3. 1953
356 Demokratisches Volksblatt 15. 10. 1953

Jungknecht war"). Die von B. vorgetragenen Gedichte, darunter „Pfarrgarten in Henndorf", „Friedhof in Henndorf" und „Die Mägde von Henndorf", machen mit einer Lyrik bekannt, *die keusch und fein, aber auch schwungvoll und farbenkräftig ist*[357], so der Kritiker F.P. (Friedl Plank) im „Demokratischen Volksblatt". B. liest auch Ausschnitte aus einem Buchmanuskript, *das vor der Veröffentlichung steht.*[358] Ob hellsichtig oder nicht, beendet F.P. seine Ausführungen über B. mit den ahnungsvollen Worten: *Ein begabter Schriftsteller, dessen frühes Werk ein starkes Versprechen für die Zukunft in sich birgt.*[359]

Bs. Werke haben in Salzburg inzwischen einen gewissen Stellenwert erlangt. 22 Jahre jung, zählt man B. seit 1953 zur heimischen Dichterjugend. In einer Dichterlesung im November 1953, in welcher der Schauspieler Richard Tomaselli das lyrische Schaffen verschiedener zeitgenössischer Dichter interpretiert (u. a. Paula v. Preradovic, Max Mell, Carl Zuckmayer, Josef Weinheber), *vermittelt Thomas Bernhard mit seinen von Tomaselli zu Gehör gebrachten Gedichten besonders gut in Sprache geprägte Gedanken.*[360]

Von seinem Zeitungschef Josef Kaut wird B. eingeladen, für den Salzburgführer „Salzburg von A–Z" einige Beiträge zu verfassen. Das Buch erscheint 1954. Im selben Jahr versucht die Adalbert-Stifter-Gemeinde, einen Lyrik-Band von B. mit dem Titel „Salzburger Sonette" zu veröffentlichen und sucht dafür um öffentliche Unterstützung an. Während die Stadt zustimmt, 50 Exemplare zu à 10 Schilling für Schulen, Stadtbücherei und Geschenkzwecke anzukaufen, lehnt das Land eine Subvention mit der Begründung ab, *daß es sich bei dem Lyriker noch um einen sehr jungen Mann handle, der bisher noch nicht an die Öffentlichkeit getreten ist und noch keine Verdienste nachweisen kann.*[361] Besondere Unterstützung erfährt das Vorhaben dabei durch Gemeinderat Ingram vom VdU (seit 1956 FPÖ), der meint, *daß gerade junge Talente, auch wenn sie noch unbekannt sind, einer Förderung bedürfen.*[362] Das Projekt „Salzburger Sonette" kommt nicht zur Ausführung.

Ende 1954 findet sich noch einmal eine Kurznotiz über eine Lesung des jungen, begabten Salzburger Schriftstellers.[363] Im Rahmen der Kursreihe „Der Schriftsteller und seine Zeit" liest B. wieder auf Einladung der Volkshochschule.

„Seine Gedichte sind reifer geworden, unmittelbarer in ihrer Aussprache, dem Leben vergebend, mit einem tröstlichen Ausblick. Die zwei kurzen Ausschnitte aus einem in Vollendung stehenden Roman bewegen sich zutiefst im Schatten eigenen Erlebens,

---

357 Demokratisches Volksblatt 19. 10. 1953
358 ebda.
359 ebda.
360 Demokratisches Volksblatt 26. 11. 1953
361 AStS, Kulturausschußprotokoll der Stadt Salzburg 29. 10. 1954, Zahl 131; (durch freundlichen Hinweis von Thomas Weidenholzer)
362 ebda.
363 Salzburger Volkszeitung 21. 12. 1954

aber auch hier ist bei aller Schwernis eine gutzuheißende Einstellung zum Leben geblieben."[364]

„Die ganze Welt in meines Herzens Enge" heißt die Lyrik-Anthologie mit Texten Salzburger Autoren, die 1955 vom Pfad-Verlag in Salzburg herausgegeben wird (68 Seiten, 27 Schilling). B., *der jüngste der Autoren der Anthologie geb. 1931*[365], findet sich hier im trauten Zusammensein mit inzwischen bekannten Lokalautoren wie Gerhard Amanshauser, Elisabeth Effenberger, Rudolf Bayr oder Karoline Brandauer.

Seine Beziehung zum geschriebenen Wort äußert sich bei B. unter anderem auch durch mehrere Zeitungsbeiträge über die Bibliotheken der Stadt, über junge Dichtung in Österreich und den Wert und Stellenwert des Gedichts, über Buchausstellungen und den Büchermarkt im allgemeinen. Beinahe ehrfurchtsvoll berichtet B. von der Studienbibliothek, der alten und später wieder eingerichteten Universitätsbibliothek, mit (1953) 190.000 Bänden.

„Bücher, Bücher, nichts als Bücher! Und was für Bücher! Keiner von uns ist jemals so reich, sie für sich zu besitzen. Was hier zu hunderttausenden in die Holz- und Stahlregale geschichtet und geschlichtet ist, gibt einen Eindruck von der Größe und der Nichtigkeit der Welt. Da sage noch einmal ein Mensch, er wäre etwas!"[366]

Die *kostbarste Bibliothek des Landes*, wie sie B. nennt, ist aber nur gering dotiert. Der Bücherfreund zeigt sich erschüttert über die offensichtliche Geringschätzung für so Großes, erhält die Studienbibliothek monatlich vom Unterrichtsministerium für allen Aufwand doch nur 350 Schilling überwiesen. Und wenn der Bibliotheksdirektor *einen Sessel braucht, um sich niedersetzen zu können, dann muß er den Sessel beim Ministerium in Wien beantragen – damit er nicht umfällt.*[367] Auch für die Stadtbücherei fließt das Geld sehr langsam, und überhaupt, ist B. überzeugt, die Quellen versiegen an manchen Stellen. 1953 borgten sich in der städtischen Leihbücherei 3.000 eingeschriebene Leser 42.919 Bände aus, *sogenannte „Schöne Literatur", Romane, Erzählungen, Novellen usw. herrscht auch heute noch vor.*[368] Ist die Studienbibliothek mehr nach der wissenschaftlichen Seite ausgerichtet, so versteht sich die Stadtbücherei als eine ausgesprochene Volksbibliothek, als ein Haus, *in dem man allerhand Zaubermärchen des heutigen Lebens bekommt, gut verpackt und für jeweils zwei Wochen.*[369]

B. wundert sich. Wundert sich über die mangelnde Präsenz österreichischer Autoren in den Auslagen der Buchhandlungen. Und fragt: *Wo sind die*

---

364 ebda.
365 Demokratisches Volksblatt 5. 5. 1955
366 Th. B., Die kostbarste Bibliothek des Landes. In: Demokratisches Volksblatt 21. 11. 1953
367 ebda.
368 Thomas Bernhard, Wir gehen in die Stadtbücherei . . . In: Demokratisches Volksblatt 17. 2. 1954
369 ebda.

österreichischen Dichter?[370] Und fragt weiter, ob man erst nach München oder noch weiter fahren muß, um zur österreichischen Literatur zu finden, während in den Auslagen der heimischen Buchhandlungen oft billige Kolportageromane in roten und goldenen Lettern, in blickfängerisch-kitschiger Aufmachung angepriesen werden. *Diese Zeit-Machwerke gewiegter Sprachjongleure sind es, die die Verbreitung unseres guten Buches am stärksten behindern.*[371] B. ärgert sich. Ärgert sich über die dickbändigen Memoiren, angefangen von Churchill, über Windsor, Käthe Kruse und Eleanor Roosevelt bis zu den Erinnerungen der Kriegsverbrecher.

„Die Schaufenster unserer Buchhandlungen sprechen eine deutliche Sprache. Man kann sich schwer irren. Und sie könnten ebensogut in Chikago oder Indianapolis sein, denn sie haben sehr wenig, oder sie haben gar nichts österreichisches an sich. ‚Sie sind ein Kulturvolk und verbannen ihre Dichter . . ., das verstehen wir nicht . . .', sagte ein Schweizer Freund zu mir vor einer österreichischen Buchhandlung."[372]

Die Buchhandlung Höllrigl im Stadtzentrum reagiert auf den Artikel von B. und reserviert eine Auslage ausschließlich für Literatur aus Österreich. *Wer hätte das gedacht?*[373] fragt B. erfreut angesichts dieses raschen Entschlusses und hofft, daß es nicht bei diesem einen „österreichischen Fenster" bleibt.

Die echten Bücherfreunde besuchen alljährlich im November die seit 1948 im Rahmen der Salzburger Buchwoche stattfindende Buchausstellung, und verschaffen sich dort einen Überblick über das österreichische Buchschaffen und die einzelnen Verlagsprogramme. In Salzburg findet die Buchausstellung in der alten fürsterzbischöflichen Residenz statt. 1.725 Bücher liegen 1953 zur Ansicht auf, ein Bruchteil dessen, was die österreichischen Verlage in diesem Jahr bereits produziert haben, meldet B., der sich ebenfalls unter die Besucher mischt. Er, der bald als Nestbeschmutzer der Nation abqualifiziert werden wird, der bei denen, die ihn gar nicht gelesen haben, die größte Ablehnung finden wird, bittet am 21. November 1953 seine Landsleute inständig:

„Denn so sehr es uns guttut, den Blick in die große Welt zu erheben, sehen wir einmal bei uns selber nach, in unserem eigenen Land. Und darum: lernen wir unsere Dichter kennen! Besuchen wir die Stätte unseres Buches in der Residenz, alle miteinander, wie wir sind, und tragen wir uns, was uns gefällt, mit Freuden für die wenigen wahrhaft guten Stunden des Lebens nach Hause.

Thomas Bernhard"[374]

---

370 Thomas Bernhard, Wo sind die österreichischen Dichter? In: Demokratisches Volksblatt 8. 6. 1953
371 ebda.
372 ebda.
373 Th. B., Unsere Dichter sind wieder da. In: Demokratisches Volksblatt 11. 6. 1953
374 Thomas Bernhard, Bücher – tröstliche Begleiter. In: Demokratisches Volksblatt 21. 11. 1953

Quellen

Archivbeiträge und ungedruckte Quellen

AStS, Mayrhofer, Thomas: Fünfzehnmal Bomben auf Salzburg. Unveröff. masch. Manus. Salzburg o. J. (1947)
AStS, Kulturausschußprotokolle des Gemeinderates 1954
UBS, Salzburger Domrestaurierung, Quaderaktion. Salzburg 1947

Handbücher und gedruckte Quellen

Adreß-Buch der Stadt Salzburg für das Jahr 1948 mit dem Erwerbsverzeichnis der Stadt. Salzburg 1948
Adreß-Buch der Stadt Salzburg 1950ff.
Berichte und Informationen des Österreichischen Forschungsinstituts für Wirtschaft und Politik Jg. 1946
Netsch, Ludwig: Dokumentation der Stadt Salzburg.
Stadtchronologie ab 1945 in zwei Bänden. Salzburg 1981
Salzburger Zeitung 1943–1945
Salzburger Nachrichten 1945ff.
Demokratisches Volksblatt 1945ff.
Furche Jge. 1955, 1956
Statistisches Jahrbuch der Landeshauptstadt Salzburg 1950ff.

Literatur

Arbeiterkammer zwischen Krieg und Frieden. Ein Rückblick auf das Wirken der Salzburger Arbeiterkammer von 1945–1947. Salzburg 1948

Bernhard, Thomas: Ein Kind. München [8]1992
Bernhard, Thomas: Die Ursache. Eine Andeutung. München [12]1992
Bernhard, Thomas: Der Keller. Eine Entziehung. München [9]1992
Bernhard, Thomas: Der Atem. Eine Entscheidung. München [8]1992
Bernhard, Thomas: Die Kälte. Eine Isolation. München [5]1991
Brettenthaler, Josef, Volkmar Feurstein: Drei Jahrhunderte St.-Johanns-Spital Landeskrankenhaus Salzburg. Das Landeskrankenhaus in der Geschichte der Salzburger Medizin. Salzburg 1986

Denkschrift über den Neubau der Staatsbrücke in Salzburg. O. O. o. J. (um 1949)
Dittmar, Jens (Hg.): Sehr geschätzte Redaktion. Leserbriefe von und über Thomas Bernhard. Wien 1991
Dittmar, Jens (Hg.): Aus dem Gerichtssaal. Thomas Bernhards Salzburg in den 50er Jahren. Wien 1992

Dopsch, Heinz, Hans Spatzenegger: Geschichte Salzburgs. Stadt und Land Bd. II/2. Salzburg 1988

Dopsch, Heinz, Hans Spatzenegger: Geschichte Salzburgs. Stadt und Land Bd. II/4. Salzburg 1991

350 Jahre Akademisches Gymnasium Salzburg. 1617–1967. Salzburg 1967

Embacher, Helga: Nach dem Holocaust – Jüdische Mitbürger/innen in Salzburg. In: Altmann, Adolf: Geschichte der Juden in Stadt und Land Salzburg. Salzburg 1990, S. 382–393

5 Jahre Salzburger Volkshochschule 1947–1952. Salzburg 1952

25 Jahre Aufbau und Fortschritt. Das Bundesland Salzburg 1945–1970. Eine Dokumentation. Salzburg 1971

25 Jahre Gemeinderat Salzburg. O. O. o. J. (Salzburg 1971)

Geretschlaeger, Erich: Medien im Bundesland Salzburg. In: Dachs, Herbert: Das politische, soziale, und wirtschaftliche System im Bundesland Salzburg. Festschrift zum Jubiläum „40 Jahre Salzburger Landtag in der Zweiten Republik". Schriftenreihe des Landespressebüros, Serie „Salzburg Dokumentationen" Nr. 87. Salzburg 1985, S. 275–332

Haas, Hanns, Robert Hoffmann, Kurt Luger (Hg.): Weltbühne und Naturkulisse. Zwei Jahrhunderte Salzburg-Tourismus. Salzburg 1994

Hanisch, Ernst: Nationalsozialistische Herrschaft in der Provinz. Salzburg im Dritten Reich. Schriftenreihe des Landespressebüros, Serie „Salzburg Dokumentationen", Nr. 71. Salzburg 1983

Haslinger, Adolf, Peter Mittermayr (Hg.): Salzburger Kulturlexikon. Salzburg und Wien 1987

Hochstraate, Lutz (Hg.): 100 Jahre Haus am Makartplatz. Salzburger Landestheater. Salzburg 1993

Höller, Hans: Thomas Bernhard. Reinbek 1993

Hofmann, Kurt: Aus Gesprächen mit Thomas Bernhard. München 1991

Huber, Wolfgang (Hg.): Landeshauptmann Klaus und der Wiederaufbau Salzburgs. Salzburg 1991

Illustrated Guide of Salzburg Town and Surroundings. Salzburg o. J. (1945)

Jakob, Waltraud: Geschichte der Salzburger Zeitungen (1668–1978). Phil. Diss. Salzburg 1978

Kaut, Josef: Salzburg von A–Z. Salzburg – Wien 1954

Kerschbaumer, Gert: Alltag, Feiern und Feste im Wandel: Nationalsozialistische Regie des öffentlichen Lebens und praktizierte Kulturen in Salzburg von 1938 bis 1945. 3 Bde. Phil. Diss. Salzburg 1986

Lackerbauer, Ilse: Das Kriegsende in der Stadt Salzburg im Mai 1945. Militärhistorische Schriftenreihe, Heft 35. Wien 1985

Lebendiges Salzburg. O. O. o. J. (Salzburg 1952)

Lehrer, Michael: Wohnbaupolitik im Bundesland Salzburg 1945–1984. Phil. Diss. Salzburg 1989

Leitich, Friedrich: Salzburger Stadtwerke. Geschichte der städtischen Versorgungs- und Verkehrsbetriebe. Salzburg 1990

Maier, Wolfgang: Die soziale und wirtschaftliche Situation in Salzburg 1945. Gesch.Hausarb. Salzburg 1969

Martin, Franz: Die Luftangriffe auf die Stadt Salzburg. In: MGSL 86/87, 1946/47, S. 118–121

Marx, Erich, Thomas Weidenholzer: Chronik der Stadt Salzburg 1970–1979. Schriftenreihe des Archivs der Stadt Salzburg, Nr. 5. Salzburg 1993

Marx, Erich, Reinhard Rudolf Heinisch, Harald Waitzbauer: Bomben auf Salzburg. Die „Gauhauptstadt" im „Totalen Krieg". Schriftenreihe des Archivs der Stadt Salzburg, Nr. 6. Salzburg 1995

Mittermayr, Ingrid Martina: Historische Wurzeln des modernen Freizeitverhaltens und seine Realisierung im urbanen Bereich im Wechselspiel von Bedarf und Bereitstellung seit 1945; dargestellt am Beispiel der Stadt Salzburg. Univ.Dipl.Arb. Salzburg 1988

Moritz, Herbert: Lehrjahre. Thomas Bernhard – Vom Journalisten zum Dichter. Weitra 1992

Müller, Karl: Zäsuren ohne Folgen. Das lange Leben der literarischen Antimoderne Österreichs seit den 30er Jahren. Salzburg 1990

Oberhammer, Monika: Versuch einer Dokumentation des Baugeschehens in Salzburg zwischen 1938–1945. In: Von österreichischer Kunst. Franz Fuhrmann gewidmet. Klagenfurt o. J. (um 1983)

Praktischer Salzburger Stadtführer und Geschäftsweiser. Fremdenführer-Serie Band 1. O. O. o. J. (Salzburg 1949)

Rinnerthaler, Alfred: Salzburgs Schülerheime unterm Hakenkreuz. In: MGSL 131, 1991, S. 259–286

Salzburg. Merian-Heft 1954

Salzburg – Kleinod von Österreich. 10 Jahre Aufbau 1945–1955. Salzburg 1955

Salzburg – Stadt und Land. Salzburg 1954

Salzburg ist eine Reise wert. O. O. o. J. (Salzburg 1953)

Salzburg und das Werden der Zweiten Republik. VI. Landes-Symposion am 4. Mai 1985. Schriftenreihe des Landespressebüros, Serie „Salzburg Diskussionen" Nr. 7. Salzburg 1985

Salzburg und Nachbargebiete. Führer durch Stadt und Land. Salzburg 1950

Salzburgs Aufbautätigkeit. Führer durch die Ausstellung auf der Festung Hohensalzburg. 27.Juli bis 31.August 1948

Schuchter, Johanna: So war es in Salzburg. Aus einer Familienchronik. Salzburg 1976

Schweinöster, Christine: Archäologie des Radios in Salzburg. Vom Sprecherkabinett zum Landesstudio Salzburg (1925–1972). Phil. Dipl.-Arb. Salzburg 1989

Sensenig, Gene R.: Fremdarbeiter beim Bau der Dr. Todtbrücke in der Gauhauptstadt Salzburg. In: Ardelt, Rudolf G., Hans Hautmann (Hg.): Arbeiterschaft und
Nationalsozialismus in Österreich: in memoriam R. Stadler. Wien – Zürich 1990

Stadler, Georg: Von der Kavalierstour zum Sozialtourismus. Kulturgeschichte des
Salzburger Fremdenverkehrs. Salzburg 1975

Stohl, Ilse: Rundfunk in Salzburg von Juni 1945 bis 1954. Der Sender Rot-Weiß-Rot
in Salzburg während der amerikanischen Besatzungszeit. Phil. Diss. Salzburg
1988

Strafvollzug – Gerichtsbarkeit. Justizwache Salzburg. Hrsg. von der Fraktion Christ-
licher Gewerkschafter, Fachgruppe Justizwache Salzburg. O. O. o. J. (Salzburg um
1992)

Sutter, Rotraut: Die Siebenbürger Sachsen in Stadt und Land Salzburg. Schriftenreihe der Kommission für ostdeutsche Volkskunde in der Deutschen Gesellschaft für
Volkskunde e.V. Bd. 10. Marburg 1972

Swoboda, Martina: Salzburger Kinos im Spiegel der Stadtgeschichte. Phil. Dipl.-Arb.
Salzburg 1992

Thomas Bernhard. Eine Begegnung. Gespräche mit Krista Fleischmann. Wien 1991

Thurner, Erika: „Nach '45 war man als ‚Rote/Roter' auch ein Mensch". Der Wiederaufbau der Salzburger Sozialdemokratrie nach 1945. Ludwig Boltzmann Institut
für Geschichte der Arbeiterbewegung. Materialien zur Arbeiterbewegung Nr. 53.
Wien – Zürich 1990

Weidenholzer, Thomas: Die Salzburger SPÖ nach 1945. Ihre Ideologie, organisatori-
sche Entwicklung und Praxis am Beispiel der Ernährungsfrage. Gesch. Hausarb.
Salzburg 1982

Widerstand und Verfolgung in Salzburg 1934–1945. Hrsg. vom Dokumentationsar-
chiv des österreichischen Widerstandes. 2 Bde. Wien, Salzburg 1991

Wohnen in Salzburg. Geschichte und Perspektiven. Schriftenreihe des Archivs der
Stadt Salzburg, Nr. 1. Salzburg 1989

Zehn Jahre Salzburger Volkshochschule. Sonderdruck aus „Die österreichische
Volkshochschule", Folge 26, Oktober 1957

10 Jahre Zentralberatungsstelle der Volksdeutschen in Salzburg. Salzburg 1959

Orts-, Personen- und Sachregister

Der Autor

DR. HARALD WAITZBAUER

geboren 1955 in Wien, Studium der Publizistik/Kommunikationswissen-
schaft und Kunstgeschichte in Salzburg; seit 1986 als freier Autor tätig;
mehrere Publikationen zu sozial- und kulturhistorischen Themen aus dem
Umfeld Salzburg, Österreich, Mitteleuropa; Drehbuchpreis des Landes Salzburg (1985), Literaturpreis der Stadt Salzburg (1987); zahlreiche Buch-
beiträge und über 100 Beiträge für Zeitungen, Zeitschriften und Hörfunk;
Konzeption und Organisation mehrerer Ausstellungen; lebt in Mattsee bei
Salzburg.

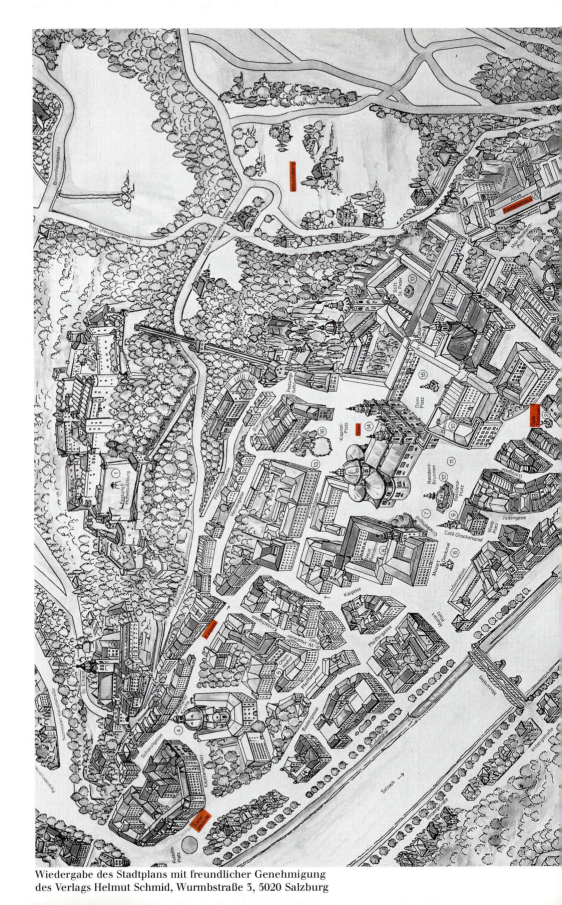

Wiedergabe des Stadtplans mit freundlicher Genehmigung
des Verlags Helmut Schmid, Wurmbstraße 3, 5020 Salzburg

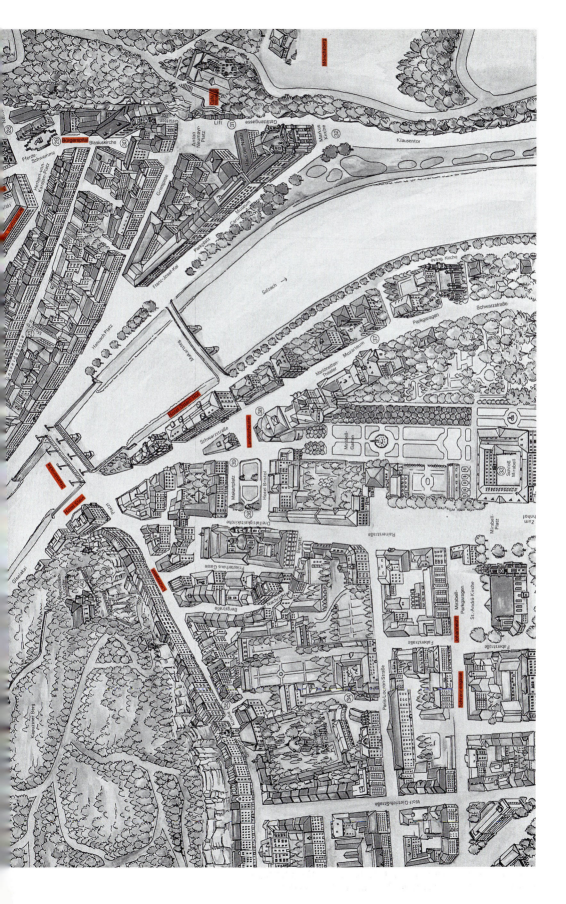

Mit Unterstützung
der Landeshauptstadt Salzburg,
der herzlich gedankt sei.